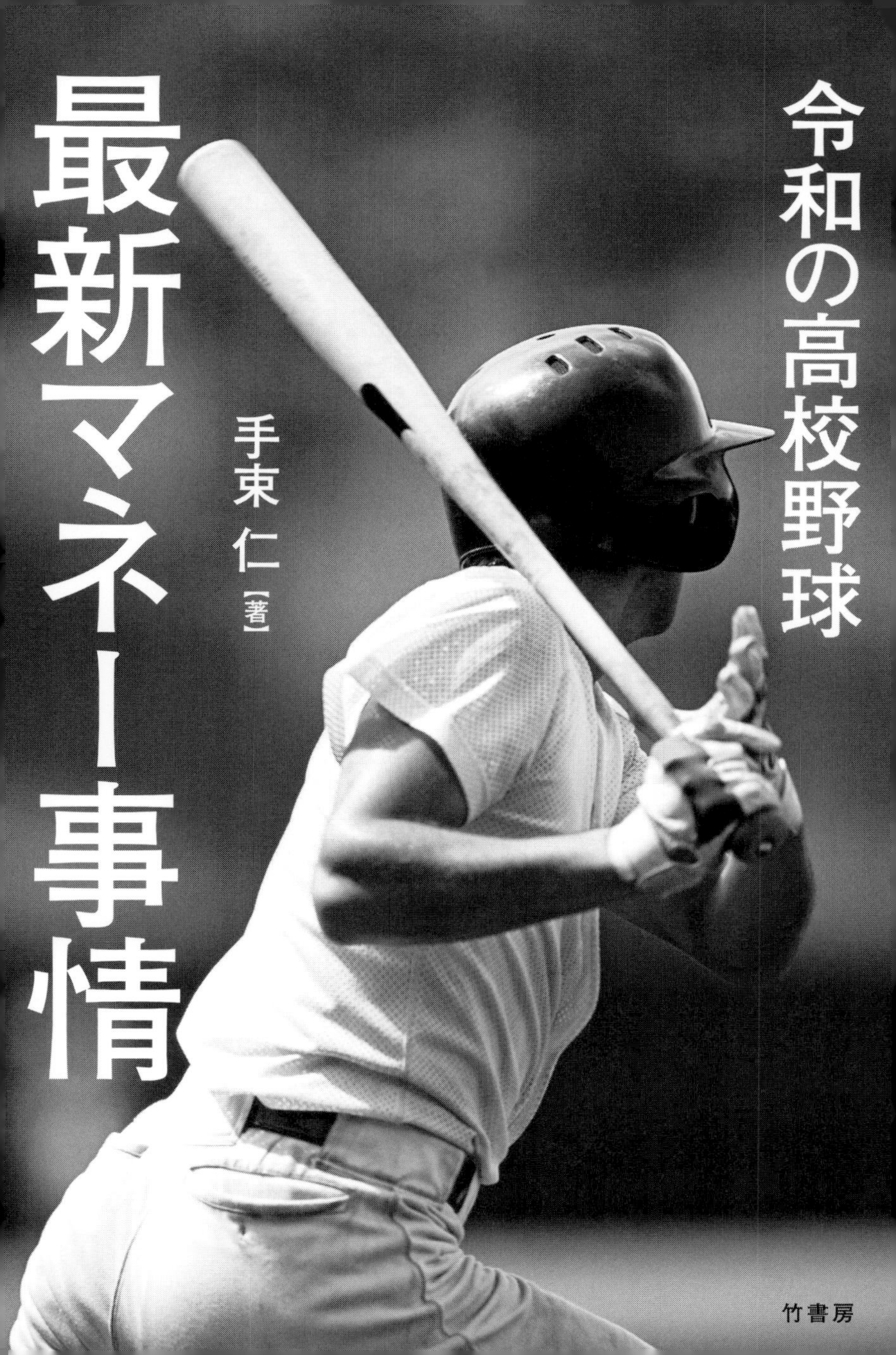

令和の高校野球

最新マネー事情

手束 仁【著】

竹書房

はじめに

令和の時代になって、高校野球にも新たな動きが出てきている

1世紀以上の歴史を有する高校野球。第100回大会を終えて新時代を迎えた高校野球は、タイブレーク制や球数制限の導入など、少しずつルールや制度を変えてきている。それは、日本高野連が「次の100年」へ向けて、新たな模索をしながらも前進し続けようとしている姿勢の表れでもある。

ところが、そんな高校野球に（もちろん、高校野球の世界だけではないが）、突然襲ってきたのが新型コロナウイルスの感染拡大だった。この影響で、日本全体どころか世界中のスポーツが閉ざされた形になってしまった。日本のスポーツ界ということで言えば、54年ぶりの東京オリンピック・パラリンピックの開催も控えていたところだった。

高校野球としては、２０２０年は令和時代として最初のセンバツ大会となるはずだった第92回選抜高校野球大会が中止。さらには、夏を見据えた春季大会は全国各地で開催不可能となり、準決勝まで進んだ沖縄県の例もあったが、すべてが中止となってしまった。そして、ついに夏の第１０２回全国高校野球選手権大会も、５月21日に地区大会を含めて全面中止ということが決まった。

太平洋戦争からの復興を目指して、いち早く大会開催へ向かった高校野球。その後の隆盛を迎えて今日に至っているのだが、その高校野球が最大のピンチとなった。それでも、全国の高校球児や指導者たち、学校関係者や高野連の役員など、高校野球に関わっているすべての人たちの熱い思いで、夏は代替大会として各都道府県高野連で独自大会を開催することができた。また、甲子園でも「甲子園高校野球交流試合」という形で、センバツへの出場が決まっていた32校が招待され、１試合限定の試合が６日間に渡って開催された。

そして秋季大会は、規制のある中でも、何とか当初の予定に近い形で開催することができた。それぞれの地区で、関係者たちが大会を開催していくにあたって、どうしていったらいいのかということを模索していった。それでも、とにかく「大会は開催していこう」ということを前提とした努力の成果もあって、いま現在も高校野球は継続されている。

いや、高校スポーツのエネルギーは野球だけではなかった。他の部活動のスポーツ大会でも、花園のラグビーも、都大路の高校駅伝も、暮れのバスケットボールのウインターカップや新春の高校バレーボールも、一部では感染のために大会途中で辞退せざるを得ない学校もあったが、開催されたことで多くの人たちに勇気と可能性を示した。

やはり、高校野球はこうした高校スポーツにおいて象徴的な存在でもある。だから、高校野球が頑張っていくことが、さらに他の競技関係者にも、また学校関係者にも勇気を与えていってくれるのだ。

そもそも、野球はお金がかかるスポーツだと言われるけれども、果たしてその実態はどうなのだろうかというところも考察していく必要性がある。

かつて、『高校野球マネー事情』（日刊スポーツ出版社・刊）という本で、それぞれの学校の部費や部活動としての運営に関するお金の動きをいろいろ調べた。実際に高校野球では、これだけのお金がかかるのだということもある程度は把握している。ただ、それから10年近い歳月が流れて、当然のことながらその事情も時代の流れとともに変化が生じてきている。

時代も平成から令和へと移り、日本の経済事情を含めた社会環境や生活環境も変化してきている。社会の変化や動きとともに、学校の部活動の一環としての高校野球も、その立ち位置が微妙に変化してきているのも確かである。

タイブレーク制の導入や球数制限問題。さらには過密日程の見直しなど、高校野球を取り巻く環境もかなり急速に変化してきている。それに伴って、それぞれの経済事情もまた変化してきているのではないだろうか。

多くの学校では、宿泊を伴う県外遠征を年に何度か行うところもある。学校によっては長期休暇を利用して、強化合宿として遠方へ出向いていくというケースも少なくない。それは、当然のことながら金銭の絡むことである。それらの経費をどのように捻出しているのだろうか。そんな情報を提供していくことも、高校野球を伝えていくという点では大事な要素ではないだろうかと思っている。

さらに近年は一層、保護者と野球部との関係性も、より深くなってきているのではないかということも感じる。それは、そのまま密接に、それぞれの家庭の経済事情にも関わってくることになっていくのである。

そして、現場としてはどんな苦労をしているのか。本書はさまざまな角度から、現場の声も拾いながら、令和時代の高校野球の経済事情や社会事情を探ってみようというものである。そこには、経済事情を知ることで、より健全な高校野球となっていくことを願っているという思いも抱いているからだ。

コロナ禍でさまざまな学校が、工夫をしながら多くの苦難を乗り越えてきたという現実もあった。

そうした高校野球の現場へのエールの気持ちも含めて、本書の企画を進めていきたいという思いで始まった。「コロナ禍の中で少し事情が異なってきた」という要素も加えながら、令和時代の高校野球のマネー事情を探ってみた。

また、マネー事情の背景には、当然ながら社会事情もあれば、学校という組織の中では学校運営に関わる政治的事情なども絡んでくるのである。

地域に密着しながら発展し、成長していっている高校野球である。それだけに地域との関わり、さらにはその歴史などにも触れないわけにはいかないであろう。

そして歴史を見つめていくと、道具や細かいルールも含めて変化してきている。そんなさまざまな条件や、社会的な要素も含めてのマネー事情ということである。

伝えるというメディアの立場から、まず序章では、そんな社会的な状況から伝えていきたい。それらを含めて、高校野球の「今」に対しての思いも綴っていきたいと思っている。

令和の高校野球最新マネー事情

目次

第1章

具体的に、高校野球では何にどれだけお金がかかるのか

第2章 高校野球を取り巻く、具体的なお金の動き

第3章 甲子園出場での経済事情とその背景

第4章 経済事情だけではない、高校野球の社会事情

終章 現場からの本音

序章

新時代の高校野球に試練を見舞った新型コロナウイルス

見えない敵に襲われた令和2年の高校野球

新しい時代の令和となって、最初のセンバツである第92回選抜高校野球大会の代表校が発表されてから1カ月半。高校野球は、その時には予想だにしなかった事態に襲われることになる。

新型コロナウイルスが2月になって感染が拡大してきたということで、日本中に危機感が押し寄せた。それでも、当初はまだ「3月下旬になったら、この騒動も落ち着いてくるだろう」という楽観的な見方も少なくはなかった。いや、厳密には「そうであってほしい」という多くの人の確証のない願望が、そんなムードを作り上げていたのかもしれない。

ところが、現実はそんなに甘くはなかった。

2月末になって、さらに社会状況が悪化していく。当時の安倍晋三内閣の政府からは突然、学校等に対しての休校要請が発せられた。それに従った多くの学校では、学年末試験も実施できないままだった。学年末試験や卒業式などの行事を控えていた中での、突然の休校要請だった。

さらに続いた休校によって、そのまま3学期を終えてしまい、終業式もないまま年度が終わってしまった。この年の卒業生たちの中には、卒業式もできずに学校から巣立っていくというケースも少なくなかった。日にちを決めて卒業証書だけを受け取りに行くということを、余儀なくされた卒業生たちも多かった。

野球界で言えばプロ野球は、さあオープン戦が始まるぞという段階で、無観客での実施を発表。社会人野球では、春を呼ぶと毎年アマチュア野球ファンが待ち望んでいるスポニチ大会が中止となった。さらには、大学野球も予定していたキャンプを中止とする学校が相次いで出てきた。

この時期に開催が予定されていた高校生の選抜大会も、各競技が中止ということを発表していった。多くの高校生アスリートは、悔しい思いで春を過ごすことになった。

このような事態を迎えて、日本高野連も甲子園のセンバツ大会を実施すべきかどうかを問われることとなった。結局、苦渋の決断として3月11日、大会中止の決定を発表することになった。そうして、多くの学校では3学期がスッキリしないまま、うやむやに終了していった。

さらには、希望に満ちて迎えるはずだった新年度も、始業式もできないまま休校が継続されていった。まさに、何の手立てもない状態で、時間だけが過ぎていった。3月下旬になって、春休みには一部地域の私学では、練習試合を組んで実行したところもあった。しかし、ほとんどの公立校では行政の呼びかけに従って自粛が続いていた。

そんな状況下では、「野球部で集まって練習なんて、とてもやっているどころではない。活動そのものが難しい」というのが正直なところだった。

それでも、多くの野球部では、厳しい条件を突きつけられる中でも決して滅入ってはいなかった。

指導者も選手たちも、それぞれにコロナに立ち向かっていた。

そして、こうした状況下で一体何ができるのかということにも、自問自答しながら取り組んでいた。そんなところにも、高校野球の逞しさ、強さを感じさせてくれたのは一つの光明ではあった。

「野球ができないからこそ、野球への思いがより強くなっていった」
そんな思いを吐露していた選手たちも多くいた。このことは、一つの救いだったかもしれない。

夏には各都道府県で独自大会が開催されて

都道府県の高校野球連盟が主導権を取って、夏の独自大会の開催を決めていくことで、各都道府県での対応の差異が如実に表れてきた。主催も、定例の新聞社が主催していくという形ではなく、あくまでも各都道府県の高校野球連盟が独自の大会として開催していくというものだった。

だから、それぞれの高校野球連盟で、かかる費用を負担していかざるを得ないということになった。しかも、入場者も選手一人に対して保護者や関係者を二人だけとか、地域によっては無観客としているところもあった。そうなれば、当然のことながら入場料収入はない。また、毎年大会前に作られていた大会冊子なども販売されない。そうしたモロモロの収入が激減していく中で、球場使用料などは従来どおりの経費としてかかっていった。運営経費は、それぞれの連盟からの持ち出しとなった。

さらには感染予防対策として、各球場の出入り口には消毒液を設置して、赤外線の検温器等の備品購入も重なった。加えて、ベンチの消毒作業などは、専門業者に依頼するなどで必要経費は膨らんでいった。それらの経費も、連盟としては当初の予定外の支出となったことは間違いない。

甲子園大会の中止が決まった段階で、いち早く独自大会の開催の声を上げたのは東京都高校野球連盟だった。武井克時理事長は、球児たちの願いを少しでも実現したいという思いが強かったとしつつも、その現状をこう述べていた。

「（経費は）基本的には、連盟からの持ち出しです。東京都は球場使用料も高いし参加校も多いので、使用球場も日数もかかります。消毒作業なども生徒や担当役員だけで行うわけにはいきませんから、警備なども業者に依頼しなくてはなりません。その人件費なども馬鹿になりません。おおよそ5千万円くらいの持ち出しになりました。ただ、東京都連盟はこれまでの中で比較的潤ってもいましたし、何かに備えての貯えもしておりました。それが功を奏したのですが、今回でほとんど吐き出してしまったというのが本音です」

そんな東京都に追随するかのように、全国各地で各連盟がそれぞれに手を挙げていった。愛知県や長崎県、岡山県なども素早い対応だった。

一方、東京都に隣接する神奈川県は最後まで迷っていた。しかし、最終的には全国各地でそれぞれの都道府県が開催することになった。当初「独自大会は行わない」と明言していた福岡県も、「福岡県だけ開催しないのはおかしい」というような世論にも押されて、すべての都道府県連盟が独自大会を開催した。ただ、運営経費は、基本的には各連盟からの持ち出しとなったことは否めない。

しかも、梅雨明けが大幅に遅れたこともあって、日程的に逼迫してきたところも多くあった。茨城県などは、結局大会そのものを最後まで継続していくことができず、途中で打ち切りとなった。

また、静岡県や埼玉県などでは、7イニング制として試合時間を短くして、選手たちの滞在時間の短縮にも努めた。そのことで、静岡県などでは高野連が押さえていた球場の使用時間をフルに使って、メインの草薙球場では1日4試合を消化させていくなどして、雨での日程のずれ込みを解消していくこともできた。

こうした、それぞれの工夫や努力が見られたのも、令和2年のコロナ禍の大会の特徴でもあった。そこに関わった高校野球連盟の役員たちは、ほとんどが学校の教員である。公務とはまったく別のところで、いわばボランティア的な活動となったそうした部分も、目に見えない支出ということが言えるのかもしれない。

もちろん、地方自治体と同様に各都道府県高野連も、学校数の差や人口差によって財政的な違いがあることは当然のことでもある。財力のある連盟では、それなりの感染防止対策を含めて対応ができていたとも言えそうだ。財力があるからこそ、無観客で実施できたということも否定はできない。

ただ、こうした中で新たに見えてきたこともあった。これまでは、上部組織でもある日本高校野球連盟からのトップダウンスタイルだったシステムが、やや変化してきたとも感じられた。各都道府県の高校野球連盟が独自に運営していくことで、それぞれの対応の仕方が見えてきたのだ。

これは、ある意味では政治の世界と同じではないか、という構図も見えてきた。コロナ対策における政府と各都道府県知事との温度差は、日本高野連と地区大会を運営していく現場の都道府県高野連とのそれにも似ているように見えた。

いずれにしても、こうして高校野球でも地方分権化、独自性を生み出していく一つのきっかけになっていければ、この1年も無駄ではなかったということにはなるだろう。

ただ、各地の連盟の中でもある程度潤沢だった東京都高校野球連盟も、今回の持ち出しは大きかったようだ。結果、入場料を800円から1000円に値上げせざるを得ない形になった。まだ球場を満員に埋めることは難しく、しかもキャパの大きい神宮球場が、東京オリンピックの開催によって使用できないという状況にもなっていた。そうした苦しい状況の中で、苦渋の決断でもあったという。

高校野球新時代として
如実に見えてきた学校の貧富の差

経済的な格差というか、いわゆる「持てる者と持たざる者の差」というのは、都道府県間だけではなく、学校間でも如実に表れていた。それは、概ね人口に比例して在校生徒数の多い少ないも影響していたとも言える。

もちろん、私学と公立という面もあったであろう。ただ、必ずしも私学が裕福で公立は経済的に厳しかったのかというとそうでもない。もちろん、一般的に学費が高いとされているような私立校で、特に進学指導にも比重をかけているところでは、学校そのものも比較的豊かだ。あるいは、マンモス校と呼ばれるような1学年の生徒数が500人を超えているようなところも、持っている側というケースは多い。

今回のコロナ禍で、ビジネス界も含めてしきりに行われるようになったのがリモート会議だった。部活動どころか授業そのものも休校となっていった中で、持てるところではいち早くリモート授業が行われた学校もあった。それは、そのまま部活動にも転用されて、リモートミーティング、リモートトレーニングなどを積極的に行いながら、モチベーションを維持していった。

学校によっては埼玉県の川越東のように、入学の際に生徒全員にタブレット端末を学校から教材の一部として貸し出しているところもあった。そういった学校では、休校で登校不可となった中でも、遠隔授業を開催することができていた。そして、時間を決めて部活動でもリモート会議や、リモートでチームトレーナーなどからトレーニングメニューを提示していくというところもあった。

もっとも、すべての学校でそういった対応ができているかというとそうではない。ほとんどの公立校の場合は、せいぜい生徒個々のスマートフォンを活用して、LINEグループを作っていくという形だった。そこで、それぞれの意見を述べ合ったり、練習動画や画像を送ったりして、それを監督やコーチが確認していくというところが多かった。もちろん、それは生徒全員がスマートフォンを所有しているという前提で成り立つものである。

このように、学校としての貧富の差もさることながら、個々の貧富の差も如実に表れてしまったことも確かだった。子どもが残念な思いをしないようにと、家計的に厳しい中でも、奮発したという親たちもいたであろう。

コロナ禍で見出された経済的側面の考え方の一つ

高校野球に取り組む生徒の親たちは、1年を通じて野球にかかる支出というのはある程度は計画に入れているであろう。それは、やはり子どもが部活等に励む姿勢を支援していくには、それなりの支出は覚悟していると考えられるからだ。考え方としては、それも教育費の一部ということになる。

その考えに基づいていくと、今回のコロナ禍による活動自粛は、ある意味では支出を抑えられたということも言える。というのも、結局3月の1週目以降6月中旬あたりまで、ほとんど対外試合が組めなかったということで、遠征費はかからなかったことになる。毎週末の土日や、春休みに入ったらほぼ毎日くらい対外試合があるとして、仮に3月は12回の対外試合があったと考えてみる。そのうちの半分が遠征になるとみなし、1回の遠征で3千円程度はかかると考えると、おおよそ1万8千円前後の支出となる。

4、5、6月も例年であれば5月には連休もあるので、平均して月に10回前後の対外試合となる。そのうちの半分が遠征とみなして、1回の遠征の交通費を3千円と考えると、次のような計算が成立する。

@3000円×5回＝15000円

その3カ月分とすると、　15000円×3カ月＝45000円

3月の分と合わせると　18000円＋45000円＝63000円

そうすると、6万3千円の支出が抑えられたという考え方ができる。

もちろん、これはただ単に数字上の計算というだけで、対外試合が行えなかったことにおける精神的なダメージなどは考慮されていない。あくまで活動自粛によって、出るべき支出が多少は抑えられたという考え方もできる、という気持ちの慰めでしかない。だから、これは一つの参考意見という捉え方で見てもらいたい。

さらに言えば、遠征試合などの応援に親も帯同して行くと考えると、そのガソリン代や高速代、交通費なども考慮すると、結果としてはその支出も抑えられることになったとも言える。

あくまで、これは活動自粛となった中で、プラス的な要素を探すとしたらという考え方の一つである、ということを再度付け加えておく。もちろん、従来どおりの活動ができてこその高校野球である。

高校野球をしている高校生の多くは、1年365日、常に野球のことを考えている。そして、それを支える指導者や親たちも、生活の中で自分の時間の大半を野球に注いでいるという人は多い。

次の第1章以降では、そんな高校野球の経済的な部分を社会的な要素や、あるいは政治的な部分も含めて考察していきたい。

第1章

具体的に、高校野球では何にどれだけお金がかかるのか

時代の流れの中で、経済的な部分も変化している高校野球

前代未聞の新型コロナウイルスに襲われた２０２０（令和２）年という年を経て、それでも高校野球を取り巻く環境では、みんなが一生懸命に立ち向かっていった。そうした中で、新しい発見もあった。そして、選手や指導者たちも含めて、多くの野球関係者は間違いなく実感したことがあった。

「普通に野球をやれることが、どれだけ幸せなことだったのか」

ある程度コロナが収まりかかって、秋季大会は一部無観客という地区もあったが、それでも大会そのものは実施できた。もっとも、その後に開催予定とされていた、各地区大会の優勝校が集まる明治神宮野球大会が中止になってしまったのは残念だった。しかし、令和として最初のセンバツ大会開催へつなげることはできた。

過去には、富山県で起きた米騒動で1918（大正7）年に一度中止となり、その後は太平洋戦争の激化で中断を余儀なくされたこともある高校野球。それでも、戦後もいち早く復活し、以降は年を追うごとに隆盛を極めていった。昭和から平成と時代が移ろって、高校野球そのものもプレーも道具も時代とともに微妙に進化してきている。

ことに、用具を含めて取り組み方のスタイルなども、時代の中でさまざまな形に変化してきている。だから、それに伴って経済的な部分も変化していっているのは否めない。

もちろん、その負担をする多くは選手たちの親ということになる。必ずしも好景気とは言い難い今の時代である。コロナの影響で、日々の生活費が圧迫されている家庭も少なくはないだろう。それでも親たちは、一生懸命に野球に取り組んでいる子どものために頑張っている。自らの身を削ったり、大人として欲しいものや、やりたいことを我慢したりしながらも、子どもの野球のために注ぎ込んでいくという姿勢である。

また、こうしていくことで、子どもと一緒に3年間（厳密には2年4カ月か）の夢を見ていけるのだ。それだけの思いを注ぐ価値が、高校野球にはあるとも言えよう。

さて、それでは期待に胸を膨らませて高校に入学して、本格的に野球をやっていこうということになると、果たしてどのくらいかかるのだろうか。このことは、やはり親としても一番気になるところでもある。

どういう思いで高校野球に取り組んでいくのかは中学時代に決まる

晴れて高校に入学して野球部に入部。高校野球を始めようという生徒のほとんどは、中学生時代に何らかの形で野球を経験している。もちろん、中学時代にどのようなチームで、どういう思いで野球を経験してきたのかということも、今の時代の高校野球では大きな要素となっている。

現在の高校野球では、その中学時代の野球の経験の仕方によって、入学段階からある程度は振り分けられていくというのも正直なところだ。もっと言うと、どういう意図（意識）で高校野球に取り組むのかというところで、進学先も変わってくる。当然のことながら、学校によって野球に対する比重は、生活的にも経済的にも異なってくる。

いわゆる有力校、強豪校と言われるところに入学して、甲子園出場を絶対的な目標として野球部に入部する選手は、中学時代から（あるいは、もっと以前から）硬式野球に馴染んでいるというケースが多い。その中でも、実績を上げてきた選手は野球エリートと言われている。そんな選手たちは、制度としてガイドラインも作られていて、特待生という立場で入学していくこともある。また、スポーツ推薦、特別推薦という枠で志望校に入学していくケースもある。

私学の場合であれば「強化部活動」として、甲子園出場を前提とした結果を求められるところも少なくはない。現在のところ、全国で３８００校前後の高校野球連盟加盟校があるとすると、その２割程度はそうした活動を前提としている。それらの多くは、何らかの形で有望選手を勧誘して獲得していくシステムを作っている。

もちろん、その中でも甲子園出場という結果を得られ、さらにはその先の全国制覇も手にするというのは、ごく一部でしかない。それでも、その頂点を目指して取り組んでいく姿勢こそ大事だという考え方もある。そうした、目標へ向けて努力していったことを見ていくことで、高校野球は評価もされてきたのだ。

だから、甲子園出場を絶対的な目標として目指していく強化部という位置づけの野球部は、学校からも結果を求められることになる。そのため、指導者やスタッフの最初の作業としては、有望選手を獲得していくことから始まる。それらの眼鏡にかなう選手は、中学時代からリトルシニアチームやボーイズ、ポニーといったクラブチームに所属しているケースが多い。そして、そういう生徒の場合は、グラブ等も含めて、中学時代から硬式仕様を用いている。

また、中学の部活動ではない外部組織のクラブチームでプレーをしてきたということは、すでにそこまでにもそれなりのお金がかかっている。つまり、学校の外での習い事の一つとして、硬式野球を経験してきているのだ。そのために、親たちもいくらかのお金を注いできたということになる。

チームによって多少は異なるが、入会金は一般的には3~5千円前後。場合によってはもう少しかかるところもある。さらに会費として月額千円から3千円くらいを納めるケースがほとんどだ。用具代としても、年間2万円から3万円程度はかかっている。スポーツ用品店などを営んでいる人がスタッフに絡んでいると、練習着や用具などは、そこで一括して購入というところもある。

ざっと見て、低く見積もっても用具関係だけで年間に5~6万円程度のお金は子どもの野球にかかっていることになる。これを高いと見るのか、そうでもないと感じるのかは人それぞれだろうが、フィギュアスケートやスキーといったウインタースポーツの場合であれば、用具代も遠征費などもよりお金はかかる。

現在のスポーツエリートと言われる選手たちは、幼少時から特別な練習環境を与えられているということも多い。早い段階からスペシャリストとなっていくのだが、そういった選手たちは、子どもの時代から親も相当な額を注いできているのだ。

また、進学塾でエリート教育を受けていく子どもたちも、学習塾代だけではなく教材費も含めて、それなりの金額を支払わざるを得ない。それは、親にとっては子どもの将来も見据えた教育費という捉え方になる。

中学生をシニアやボーイズといったクラブチームに入れるということは、言うならば偏差値の高い進学校を目指していく中学生が、学校の授業だけでは足りなくて進学塾に通うことにも似ている。だから、会費や運営費という形や月謝として、クラブチームにお金を払うのは当然という考え方である。高いレベルの野球を身につけて、すでに高校入学の段階で注目されるような存在になるには、その選手の持つ能力もさることながら、親の期待値も含めてかなりのお金が注ぎ込まれていることは確かだ。

もちろん、それだけのお金がかかっているのだから、その先（高校野球の引退後）も見据えている。まずは、野球の強豪校と言われているところへ進学して、そこで正選手を目指す。甲子園出場が果たせられれば、一つの夢は実現したことになろう。そして、さらにその先には野球推薦なり、特待生なりで大学進学を目指していきたいという選手もいるだろう。

考え方としては、スポーツ推薦でもいいから難関大学、有名大学と言われているところへの進学を目指すという選択肢である。そして、その先にプロ野球選手を見据えていくという将来展望もある。あるいは大学野球を経て、さらに野球を続けて大手企業で社会人野球を目指していきたいと人生設計をしていることもあるだろう。

選手によっては、高校野球で実績を挙げてドラフト指名されて、プロ野球選手としての道を志望している生徒もいる。そういう選手であれば、親もある程度の出費は覚悟はしているだろう。

しかし一方で、多くの一般的な高校野球部の場合は、親としてもそこまでの投資はしてきていないケースがほとんどだ。中学時代に野球経験があるといっても、中学校の野球部（中体連の管轄下で軟式）に所属していたという生徒の方がやはり数としては多い。

あるいは、軟式野球の地域のほぼボランティア的な活動によって成り立っている、クラブチームの出身というケースも少なくない。

中学野球として、硬式でプレーするか軟式でプレーするか、長い目で見たらそこから選択が始まる。一般に、硬式の場合だと、軟式の7割増～2倍近いくらい支出は増えていくと考えられる。

高校野球を始める時、一式揃えたらいくらになる

それでは、まずは中学時代にそれぞれのスタイルで野球をやってきて、高校に入学して改めて高校野球として取り組んでいこうとしたら、いくらくらいかかるのかを試算してみたい。

選手たちが高校野球に取り組もうとしたら、中学時代に軟式野球だった選手は、まず

グラブは硬式用を新調することになる。また、高校野球では新たに、肘を保護するエルボーガードや自打球を防止するプロテクターなども使用するケースが多い。これらは、学校でいくつか用意しているケースもあるが、直接身体に付けるものなので、個人の持ち物にしたいという場合も多いようだ。ことに、コロナが流行し出してからは、学校側からも「できるだけ個人で購入してほしい」ということを、要請しているところも増えてきた。ヘルメットに関しても同様の考え方だ。

ヘルメットも直接頭部に接触するものであり、個人所有が好ましいというのが今の流れだ。価格としてはおおよそ8千～1万円前後と、決して安いものではない。親の負担は増えていくのだが、公立校などではヘルメット個人所有に伴って、練習着は学校の体育着でもOKにしたというところもある。

とりあえず、これらのものを新調するとなると、最初にどれくらいかかるものなのか。また、他にも個々にバッティンググローブや、バットなども購入していくことになろう。それらの総経費はどれくらいになるのだろうか。

最低限のグラブやスパイクは、中学時代に硬式野球をやっていれば当面はそれを流用していくということもあるかもしれない。ただ、せっかく高校野球をやるのだから、やはり新調したいというのは子どもとしても本音であろう。また、親としてもお祝いや期待も込めて、新調したものを与えてあげようという気になるのではないだろうか。

ただ、今はポジションによって、グラブそのものも微妙に作りが異なる場合がある。そうなれば、それはやはりコストとしても高くなるし、ポジションも限定させていきかねない。まあ、ここでは一般的に、広く内野手用と外野手用という程度で差し支えないであろう。

[表1] に高校硬式野球用具の価格目安を示したので、参考にしていただきたい。

スパイクに関しては、やはり消耗品という考え方になる。そうなると、1足の耐久寿命も考慮しなくてはならない。一般的な野球部としては、平日の練習は1日3時間程度。週末の土日は対外試合というパターンだ。そして、12月から3月第1週目までは対外試合は禁止となっているので、土日も通常練習ということになる。

現在は、平日練習のうち1日は、自主練習もしくは休養日としているところもある。また、週1日はスパイクシューズを使用しない日を決めているというところもある。そうなってくると、アップシューズの使用頻度も増えてくるが、おおよそアップシューズとスパイクとの使い分けをしていくと考えると、耐久寿命はほぼ1年くらいだという。

表1 高校硬式野球用具の価格目安

グラブ(ポジションによって差異はある)	¥40,000 ~ 50,000
〃 (オーダーメイドの場合)	(¥50,000 ~ 60,000)
金属バット	¥10,000前後
練習用竹バット	¥8,000前後
スパイク(メーカー等で差異はある)	¥6,000 ~ 10,000
アップシューズ(メーカー等で差異はある)	¥5,000 ~ 7,000
ランニングシューズ	¥5,000 ~ 8,000
バッティンググローブ	¥2,000 ~ 3,000
練習球	¥850前後
ヘルメット	¥8,000前後
自打球ガード(フットガード)	¥5,000前後
エルボーガード	¥8,000前後

* 捕手、一塁手などの特殊ポジションとなるミットの場合は、通常60,000〜70,000円と割高となる。各ポジションも、オーダーメイドの場合は全体の2〜3割高。
* 近年、金属バットに関しては価格幅が大きくなってきており、1本で20,000〜25,000円の価格付けをしているメーカーもある。
* 自打球ガードやエルボーガードなどは、中古品として、メーカーが再修理して売り出しているケースもある。

そうすると、高校3年間で3足ずつ消費していくということになる。

ただ、合宿所を併設している学校で、強化部として指定されているようなところでは、練習時間はそれ以上である。極端に言ってしまえば、授業時間以外はほぼ野球の時間ということになっている。午後の練習は授業後から、夜の8時~9時頃までというところも少なくないであろう。そうなると、スパイクを使用している時間は長くなり、その分消耗も激しい。ことに、ポジションとしては内野手だとスパイクの消耗がより激しいと言われている。

だから、チームによっては練習用スパイクと試合用スパイクの併用を推奨しているところもある。練習用スパイクは少し安価なものを選択するのであろうが、耐久寿命も半年ほどということになる。ことに夏休みの練習などは、より使用頻度が高くなっていくので、その分だけスパイクも消耗していく。

もっとも強豪校になれば、必ずと言っていいほど地域のスポーツ用品店やメーカーの担当者が出入りしている。そして担当者も高校野球経験者が多く、学校とも長年の付き合いがあるというケースが多い。したがって、ある程度まとまった購入数があれば、価格的にもかなり融通が利くということもある。

このあたりは、監督や部長（責任教師）などチームのスタッフと、スポーツ用品店の担当者との関係性なども大いに影響してくることであろう。まして、担当者がその学校の出身者だったり、指導者の同窓だったりすれば、体育会的な考え方も含めて、損にならない限りはチームに尽力していきたいという思いも発生してくるであろう。

そして、チームとしてはそんな貸借関係があって、甲子園出場などを果たした場合には、お互いにその恩恵を授かることもある。業者としては、ユニフォームの新調やスパイクの新調などで、大量受注ができるというケースもあろう。一方、部としても他にノベルティなどを寄贈してもらえるということもあるのだ。

入部とともに、まずは身につけるものは個人負担となっていく

高校野球チームでは、近年では入学前の3月25日以降に、新入生の入部希望者と保護

者を集めて入部説明会を開催するところも増えてきている。そこには、指導者たちが実際にどんな選手が来るのかということを、再確認するための顔合わせという要素もある。しかし、もっと大きな要素としては、入部にあたって「ある程度の金銭的な負担はお願いすることがありますよ」ということを前もって親たちに説明する場でもあるのだ。

日本高校野球連盟でも3月25日以降には、新入生の練習参加なども含めて認められていることで、こうした説明会が催される。ただし、試合の出場は正式な入学式以降とするということになっている。言うならば、入学式までの期間は生徒たちはお客さん扱いということになる。しかし、親の方としては、その間にある程度の経済的な負担の覚悟を固めていく期間でもあると言える。

高校野球では、かかる経費というのは用具だけではない。ユニフォーム、練習着などを含めた用具代というのは、まずは基本的にかかる費用と言っていいであろう。ことに、個々が身につけるものに関しては、基本的には個人負担ということになるケースがほとんどだ。

今の高校野球では、練習着などもかつての上下白で、左胸と背中に黒マジックで大きく名前を書くというスタイルは、あまり見られなくなってきた。それよりも、ベースボールTシャツと言われるものを着用してアップなどを行う。そこから、ボールを使うようになって、練習ユニフォームに着替えるというところも多くある。

さらには、対外試合用には、公式戦ユニフォームと練習試合用にセカンドユニフォームを準備しているところも増えてきている。セカンドユニフォームに関しては、「華美にならない程度に」という但し書き付きではあるが、上下色違いでツートンを使用しているところもある。そうしたちょっとしたおしゃれ感、カッコよさも選手獲得につながる要素であると考えている指導者もいる。

ことに、練習着に関しては、入部早々（学校によっては正式入部前まで）に揃えなくてはならない。4月の新入生の正式入部から練習開始にあたっては、強豪校などではその段階で学校の練習着を身にまとっているかいないかで、選手たちもスタートラインの差を感じてしまうことになりかねない。

そんなところで引け目を感じさせたくない、というのも親心であろう。だから親としては、身にまとうものに関しては、極力早く準備してあげたいということにもなる。つまり高校野球は、親としては、入学前の準備から始まっているのである。

とはいうものの、年度末から年度初めの3月～4月は何かと物入りの季節でもある。

まして新入学となった場合には、入学金や授業料の支払いも待っている。入学に関してだけでも、制服代や教科書代などの教材費もかかるであろう。さらには、通学の定期購入もある。細かいことを挙げていったらキリがないくらいだ。

それでも、そんな中で野球に比重を置きながら、高校生活を送らせてあげたいという親としては、その準備も必要ということだ。

もちろん、特待生という待遇で入学している有望選手もいるであろう。それでも用具を揃えたり環境の変化に伴ったりする支出は、人それぞれである。特待生とはいえども、個々の使用品に関しては、やはり自分で用意しなくてはならないのだ。

【表2－1】は、私学有力A校の場合の新入生の着用品のおおよその目安となる。

ほとんどの高校野球部では、スポーツ用品店や運動具店、あるいは野球用品メーカーの営業担当などが出入りしている。そして強豪校になればなるほど、担当者たちもより高い頻度で訪れることになる。それは経済の常套としても当然のことだ。強豪校であれば、その消耗度も高いし、使用する器具や用具なども多岐にわたる。その分、営業的には頻度よく出入りしておくことで、仕事になっていくというのが現実だろう。

ただ、普通の公立校や、特別に野球部を強化しているわけではないという私立校でも、

表2-1 私学有力A校の場合の新入生　着用品 おおよその目安

（価格は、おおよその目安）

試合用ネーム入り　ユニフォーム	¥12,200
〃　パンツ	¥5,900
〃　帽子	¥5,700
〃　ストッキング	¥3,600
〃　チャージトップ	¥7,800
〃　半袖アンダーシャツ	¥1,800
〃　長袖アンダーシャツ	¥2,000
〃　冬季アンダーシャツ	¥3,200
ベルト	¥2,500
練習用　ベースボールTシャツ	¥4,600
練習用　マーク入り ジャージ	¥8,000
〃　パンツ	¥4,500
〃　ハーフパンツ	¥3,500
練習用　フリース	¥7,000
練習用　帽子	¥1,500
〃　ストッキング	¥2,500
スライディングパンツ	¥2,600
アンダーソックス（3足組）	¥1,200
小計	¥80,100

出入り業者はある。それは、修学旅行などのために、旅行代理店の営業担当などが学校に出入りしているのと同じだと考えてもいいであろう。

野球部が学校の部活動である以上、ある個人だけが飛び抜けて高価なものを使用しているなどということは、教育上もあまり好ましいことではない。そういった要素も含めて、用具等の購入は極力学校を通して、あるいは指定の店で購入していくということを指示しているところも少なくない。そのことによって、チームとしての統一性が生まれてくるという利点もある。

また、これは性善説的な考え方になってしまうのだが、そのことで利益をむさぼろうとする輩は、高校野球の周辺にはいないということを信じたい。だから、お互いの信頼関係によって、高校野球周辺の需要と供給が成り立っているのだと言っていい。担当者が、ある程度融通を利かせるということは当然あるだろう。それは、サービスという範囲で考えられることである。しかし、出入り業者との癒着などという考え方は、こうした現場では存在しないと考えたい。

練習着などは、1着だけでは日々の練習に対して事足りない場合も出てくるであろう。そういうことも考慮して、入学時に身につけるもので最低限どれくらいかかるのかとい

表2-2 公立中堅B校の場合の新入生　着用品おおよその目安

（価格は、おおよその目安）

試合用ネーム入り ユニフォーム	¥12,000
〃　パンツ	¥4,800
〃　帽子	¥5,000
〃　ストッキング	¥3,000
〃　ウインドブレーカー	¥10,000
〃　半袖アンダーシャツ	¥2,800
〃　長袖アンダーシャツ	¥2,900
〃　ハイネックアンダーシャツ	¥3,200
ベルト	¥1,500
練習試合用　セカンドシャツ	¥4,800
練習用　ベースボール Tシャツ	¥3,500
〃　パンツ	¥3,500
〃　ハーフパンツ	¥3,000
練習用　フリース	¥4,000
練習用　帽子	¥2,500
〃　ストッキング	¥2,500
スライディングパンツ	¥2,600
アンダーソックス（3足組）	¥1,000
小計	¥72,600

うことを、一般的な公立校のケースで試算してみたものが【表2－2】である。

あくまで、一般的なケースとしての例ということである。練習の濃度や内容によって異なってくるし、ポジションによっても消耗は異なる。とはいうものの、一つの目安にはなるであろう。

ここまでで、入部時に新調する用具類と練習着含めたものを計算していくと、用具関係だけで15万円くらいかかり、それにユニフォームや練習着、サブウエアなども購入していくと考えると、強豪私学では25万円前後、一般的な公立校でも20万円前後の出費はあると考えておいた方がいいであろう。

当然のことながら、3年間続けるとなると消耗品のスパイクやアップシューズは3足くらい消費し、練習着なども2着は新調すると考えると、【表3】のように2年、3年で用具関係だけでさらに8万円以上（ヘルメット除く）の出費はあるということになろう（情報提供・株式会社オースタイル＝名古屋市瑞穂区）。

表3　日常練習の練習着とその他の備品　見積もり

練習用シャツ	¥4,800	（×2）
練習用帽子	¥2,500	
ベースボールTシャツ	¥3,500	（×2）
練習用パンツ	¥3,500	（×2）
カラーソックス	¥1,500	（3足セット）
フィットシャツ（長袖）	¥3,500	
フィットシャツ（半袖）	¥3,300	
ミドルフィット（長袖）	¥3,400	
ミドルフィット（半袖）	¥3,100	
アップシューズ	¥5,000	（×3）
スパイクシューズ	¥8,500	（×3）
ヘルメット	¥8,000	
小計	¥89,400	

＊ 最低限の基本的な練習用のユニフォーム等（価格はあくまで目安）

＊ 学校によっては、統一を図る意味で、共同購入等を推奨しているところが多い。その場合は、割引などとなるケースなどもある。

＊ 近年は、個人で直接身に着けるものということで、ヘルメットや自打球防止ガードやエルボーガードなども個人購入としているところが多い。

目に見えないものの経費も、それなりに考えておかないといけない

野球部活動の中でかかる基本的な経費は、用具代と練習着等だけではない。

ほとんどの学校では、県外を含めた遠征を組んでいる。そして年に何回かは、宿泊を伴う遠征試合や合宿なども行う。その費用は、その都度徴収というところがほとんどだが、これも年間少ないところでも一人頭5～6万円はかかるであろう。

春夏の長期休みやゴールデンウィークなどには、宿泊を伴う遠征を組んで積極的に県外の学校と対外試合を組んでいくというのも、今の高校野球のスタイルである。2泊3日の遠征で5～6試合を組んでいくというケースが多いが、距離にもよるであろうが、これで一人頭3万円程度はかかる。もっとも、これで3食込みということであれば、一般的に考えれば決して高額というものではあるまい。

とはいえ、春休みや冬休みなどに、沖縄などでキャンプを行うようなところだと、遠征費だけで年間10万円前後もかかるということもあるだろう。

［表4］は、遠征合宿の一般的経費の例である。

指導者たちの多くは、「いかにして保護者たちの経済的な負担を軽減していくのか」ということも常に念頭に置いている。だから、遠征の宿泊先に関しても、長年の付き合いで軽減してもらえる定宿を考えるとか、宿泊可能な研修施設を利用させてもらうというケースが多い。また、遠征先の学校で宿泊施設のあるところには、そこを拠点とさせてもらうということもある。このケースで言えば、ほとんどの場合は最低限の実費のみしか経費はかからない。

埼玉県や栃木県、群馬県など関東地区では、公立校でも敷地内に合宿施設を確保しているところもある。そうした学校には、県外からの学校も多く訪れて、練習試合を組んでいくというケースはよくあることだ。

指導者たちの立場としては、学校の限られた予算の部費もさることながら、個々の家庭事情に関しても配慮しなくてはならない。野球をするにはお金がかかる。だからこそ、いかに負担を少なくしていくのかということも、長い目で見て野球人口を減少させない

表4 遠征合宿の一般的経費の例
(部員55人として3泊4日で関東から信越地区の場合)

1	宿泊費 2食付き(@6500円)×3泊×55人	¥1,072,500
2	弁当代 1人3食(@1,100円)×55人	¥181,500
3	貸し切りバス(往復の高速代・保険代含)(@15,000円)×55人	¥825,000
4	旅行傷害保険 @500円×55人	¥27,500
5	コインランドリー使用料など @1500円×55人	¥82,500
6	諸雑費(氷・飲料・洗剤など) @300円×55人	¥16,500
	2人分の外部コーチ費用	¥40,000
	市営球場使用料	¥6,400

上記項目の**1**から**6**までの個人負担金を合計すると、

6,500+1,100+15,000+500+1,500+300=24,900円 となる。

この場合だと、遠征合宿出発前までに、一人30,000円を徴収。残金が発生した場合は、それぞれの人数分で割って、返金となる場合もある。

ただし、状況によっては、球場使用料や外部コーチなどの謝礼として充てられるケースも発生する。ことに、球場使用料などは、遠征先によって異なるが、相手校のグラウンドの場合などでは、発生しないことがほとんどだ。

また、諸経費としては、その他に荷物運搬などで使用された場合、宿舎のマイクロバスの燃料費、相手校への粗品、その他地元で面倒を見てくれる人などがいた場合は、その謝礼などもある。場合によっては、バス運転手への謝礼として少額を包むというケースもあるだろう。

ためには必要なことでもあるのだ。

指導者たちは、野球を通じての教育という考えで指導をしている。だから、技術向上もさることながら、道具を大切にしていく心や気遣いも学ばせていくことになる。そしてさらには、野球の普及ということ、野球人口の減少を食い止めていきたいということも考えているのだ。そのためには、野球はお金がかかりすぎるというイメージをあまり刷り込ませないということも必要なのである。

そういう意味では、経費節減に努めることも、言うならば令和の高校野球の大きなテーマと言っていいのかもしれない。

また、野球少年を抱えている親たちも、口を揃えて言う思いは同じだ。

「経済的には厳しい状況ということは確かです。まして、今はコロナの影響もあって、世帯収入も減少しています。それでも、これまで頑張ってきた子どものためにも、しっかり高校野球をやらせてあげたい」

子どもの分だけではなく、保護者会の付き合いなどでもかかる親の経費

今の高校野球では、ほとんどの部で保護者会（かつては、父母会という呼称が多かったが、近年では諸事情も考慮して保護者会と呼んでいるところが多い）が設けられている。その活動は学校のあり方によってさまざまではあろうが、いずれにしてもその親同士の付き合いも含めて、お金と気を遣うことも多いであろう。

ことに、野球をしている子どもと親の関わり方というのは、少年野球の世界では必須条件にも近いものだ。というのも、学童野球やリトルシニア、ボーイズリーグなどでもそうだが、運営していく中では親の協力がなくては難しい仕組みになっている。

それは、会費ということだけではなく、練習グラウンドを確保していくことや、グラウンドを保有しているクラブでもその維持管理などには、どうしても大人の力が必要だ

からである。

そうした事情もあって、少年野球ではほとんどのチームで親の役割が細分化されている。今は、指導者や観戦に訪れる人たちに向けての、母親のお茶くみ当番などは減少してきているけれども、そうした慣習も少年野球時代から導入されてきた。そんな経費も、保護者会費などから捻出されているのだ。

だから、以前の親たちは何の疑問も抱かず、そうすることが当たり前だというような雰囲気で活動していたのかもしれない。今の時代は、それらの活動に関しては、さまざまな意見も発生してきており、徐々に排除していこうという動きもあるようだ。

少し話がそれてしまったが、保護者会と高校野球の関係性に関しては後述する。いずれにしても、親としては「子どもの野球に何とか側面からでも協力していきたい」という思いは強い。そうした姿勢が少年野球の親の役割を発生させて、90年代後半から2000年代にかけて、少年野球チームの増加などにも伴って、それが高校野球の現場にも導入されていったという歴史がある。

だから、まさに平成の中頃から、高校野球の現場でも保護者会の役割が欠かせなくなってきたというのも確かだった。

また、経済的な側面から言えば、公立校の多くの場合は、「保護者会の協力なしには、部としての活動もかなり制限されてしまう」という現場からの意見もある。

かつて、部と保護者会との関係性について、多くの指導者に尋ねたことがあった。それら保護者会との付き合い方や、野球部としてのその関係性などについては、終章で後述するのでここでは詳しくは触れない。

ただ、経済的なことで言えば、ほとんどの公立校の場合は、

「部の運営としては、保護者会の存在は欠かせない」

「経済的には、親の協力は欠かせないので必要不可欠だ」

「絶対になくてはならないというものではないが、経済的な協力などを考えると、やはりあった方がいい」

こうした考え方がほとんどだった。

また、一部私学の指導者の場合、敢えて保護者会は設けていないというところもある。また「どちらかと言うと、なくてもいい」と考えている人もいた。それでも、保護者会の三役（会長、副会長、会計）がしっかりとしていれば、部としては強力な側面援助になっていくことは確かである。

そして、こうした保護者会が存在していれば、親同士の交流会というものも発生してくる。そこでは、それぞれでの私的な交流も出てくるであろう。もちろん、そうなると出費も増えてくる。

また、おおよそ5月の連休明けなどを目途に、保護者交流会を開催しているところも増えてきている。そこでは、俗に保護者会応援「3点セット」とも「5点セット」とも言われる応援グッズなどを購入することになるケースも多い。

「3点セット」としては帽子、タオル、ポロシャツまたはTシャツというのが一般的であるが、これにメガホンやポシェットが加わって「5点セット」となることもある。チームによっては、さらにこれにトレーナーやスタジアムジャンパーを揃えているというところもある。こうしたグッズ費用も、かかってくるのである。セットで2万円前後として、父親と母親とがそれぞれ購入すると、すぐに4~5万円といったお金が出ていくことになる。

ただ、それでも親は必死になって高校野球を応援していく。それは、高校野球にはそんな出費を超えた、大人を夢中にさせていくだけの価値と魅力があるということである。

親の投資という考え方から見るプロ野球選手

少年時代から一生懸命に野球に取り組んできた者にとって、一つの目標としては、やはり日本の最高峰のレベルであるプロ野球選手という思いはある。また親の側としても、それを夢見て子どもに投資してきたという考えもなきにしもあらずと言えよう。

ことに、小学生時代から子どものセンスの良さや能力の高さを指導者から評価されていれば、親としてもその気になっていくというものである。まして、その少年野球時代のチームから、高校野球の強豪校へ推薦なり特待生待遇なりで入学できれば、親としての期待はさらに膨らんでいく。

現実的には、毎年プロ野球球団は、新入団選手を6〜7人くらいは獲得していく。チームによっては育成枠として、さらに追加で指名していく。育成も含めて平均8人が指名されると考えても、96人の選手が毎年、新たにプロ野球の世界に入っていくことになる。つまり、100人前後の選手が毎年プロの世界に身を投じていく。もちろん、その分、ユニフォームを脱ぐ選手も同等数は存在することになるのだが……。

そして、期待値の高い上位指名の選手であれば、それこそ同世代の新卒の初任給では考えられない、高額な契約金と年俸を得ることにもなるのだ。もちろん、大学卒での入団と高校卒での入団、さらには社会人野球を経験した選手の入団ということで言えば、その待遇はいささか異なってくるのは当然である。

とはいえ、いずれにしても一般企業に就職した同世代の若者に比べたら、破格の収入を得るということになるのは確かである。

2020年の例を取ってみると、全部で123人が指名され、育成選手としての指名は49人。支配下登録選手としての指名は、74人ということになる。そのうち、高校生で直接指名を受けたのは支配下選手としては30人、育成選手で22人だった。つまり、支配下選手としての指名は約4割が高校生だったということになる。

高校生で直接ドラフト指名を受ける選手であれば、たとえ下位指名であったとしても、高校時代にはチームの大黒柱だったはずである。そして当然のことながら、そうした選手に育てるまでには、それなりに親としても投資はしているということになる。グラブやスパイク、アップシューズ、ウエアという目に見えるものだけではなく、身体のメンテナンスや維持も含めて目に見えないものにもお金はかかっている。

熱心な親であれば、グラブやスパイクに関しても、オーダーメイドで頼んでいるというケースもある。もちろん、そうなれば通常より2割から3割高になる。普通のサラリーマンであれば、それだけの出費でも相当家計を締め付けることになる。それでも親としては、「プロ野球選手になってもらえれば、それでいい」という思いになるケースもあるだろう。

そして、子どもがドラフト上位で指名されたら、その経済的背景は一気に変わる。高校生の場合でも、1位だと通常契約金は8千万円~1億円。年俸は1500万円前後。2位指名でも契約金5千万円前後。年俸としても800~1千万くらいは提示されよう。

通常のケースとしては、年俸は個人の給与ということになるが、契約金は親に還元する場合がほとんどだ。かつては、契約金でドーンと高級外車を購入したりという選手もいたというが、今の選手たちはみんな堅実で健気だ。それに、感謝の気持ちを忘れていないということだろうか。ドラフト指名されたことによって、それを具体的な形で親に返すことはできるということになる。

支配下選手としての指名であれば、下位指名であったとしても、契約金は3～5千万円、年俸は500万円前後が提示される。簡単に3千万円などと言うが、中小企業であれば中堅社員の数年分の年収である。それがごそっと一気に入ってくるのだから、やはり経済的な面からも一つの大きな夢であることは間違いない。

実際、給料だけを見ても、高校卒業後すぐの人間に年間500万円も支払ってくれる企業などは、今の時代まずほとんどないと言っていいだろう。月額45万円弱という計算になる。

たとえ育成での入団だとしても、育成指名の場合は支度金として240万円前後は用意してくれる。そして、球団によって差異はあろうが、年俸としても300～360万円くらいは支払われる。これとて考えてみれば、通常の高校を卒業して一般企業に就職したとして、もらえる給料よりは多いはずである。

さらに言えば、入団したらすぐに寮に入ることになるので、基本的には通常の生活費はほとんどかからない仕組みになっている。だから、支給される給与は、自分の手元に残るということになる。ことに、今の選手はそんなに遊ばないから、真面目に練習して野球に取り組んでいれば、それほどお金を使うことはないのだ。

そう考えると、親としてはプロ入りを果たすことができたら、投資はすぐに回収できると考えていいであろう。

そして、さらに成長して一軍に上がり、試合にも常時出られるようになっていけば、親の投資としては大成功ということにもなる。そこから、さらに活躍してスター選手となっていけば、もちろん年俸も上がっていく。それは同世代の人間が、並の生活ではなかなか得られない額を手にすることにもなるのである。

何だかんだ言っても、プロ野球の世界では、その選手の評価は年俸で示されるということになる。だからスター選手になっていけばいくほど、年俸にこだわるという考え方もわかる。また、そういう選手であることが、プライドにもなっていくのであろう。

プロ野球選手ではなくても野球で身を立てる

もちろん、高校野球をやっている選手の誰もがプロ野球選手になれるわけではない。というよりも、前述のとおり同世代で育成も含めてプロ野球の世界から声がかかる（ドラフトで指名される）のはほんのわずか。２０２０年で言えば52人しかいないのだ。同世代で5万人前後の高校球児がいるとして、52人とは０．１パーセント以下なのである。つまり、それだけ狭き門ということになる。

それでも高校野球を経験し、その先も野球に関わっていきたいという生徒は少なくない。さらには進路決定の一つの手段として、野球を受験材料として進学していくという考え方をしている選手も多い。

ことに、大学野球ということで言えば、近年は地方大学も積極的な姿勢で強化している。明治神宮外苑球場で開催される春（6月）の全日本大学野球選手権と、秋の明治神宮野球大会への出場を目指して各地のリーグ戦を勝っていくために、大学関係者も地元だけではなく、全国を回って能力のある高校生を探している。そして大学としても、さまざまな条件を提示して有望選手を迎えようとしている。

もっとも、売り手市場となる選手側としては、自分の希望もあろう。

「たとえ試合に出られなくても、神宮球場で試合をする東京六大学か東都のメンバーでいたい」

そんな思いでいる選手もいるだろう。あるいは、もっと具体的に将来を見据えている選手もいる。

「大学で教員免許を取って、将来は教員となり、何らかの形で指導者として野球に関わっていきたい」

こういう考えを持っている選手も少なくない。高校時代に熱い思いで野球に取り組んできた選手たちにとっては、こうした「自分の体験してきた野球を後輩たちに伝えていきたい」という思いの選手が最も多いのではないだろうか。

あるいは、自己推薦や指定校を含めて、野球部での活躍も一つの評価としてもらえた上で進学して、その先は自分の判断で野球との関わり方を決めていく。一般大学生としての就職活動をして、進路を決定していくという考え方もノーマルである。いずれにしても、大学への進学手段の一つとして、野球もその選択肢に入っているというのであれば、野球への出費も教育費の一環という考え方はできる。

また、近年は非常に枠が減少していて、これまた厳しい狭き門ということになってしまうが、社会人野球の企業チームという選択肢もある。2021年3月現在で社会人野球としての登録チームは358ある。もっとも、そのうち企業チームとして登録しているのは97チームしかない（しかも、そのうち11チームは専門学校が企業チームとして登録している）。その上、どの企業も高校生枠は非常に少ない。だから、高校から直接企業チームへ進むというのは、極めて稀なケースということになる。

高校時代にプロから直接指名が入りそうなくらいの逸材でありながら、高校から直接プロ入りするには不安があった場合。あるいは、諸事情で指名漏れとなってしまった場合。「高校から入社して3年間社会人野球に登録すること」という規定の3年を保証してもらい、その間に社会人選手として実績を上げて、プロからの指名を待つという選択肢もある。

大学野球から、さらに社会人野球で企業チームから声がかかって獲ってもらえるという場合も、やはり大学での実績が必要となる。この場合は、企業からある程度は将来を保証してもらえると考えていいであろう。その中には、日本を代表するような大企業もある。敢えてプロの世界で勝負するよりは、大企業の中で10年間くらいは野球部活動をして、その後は企業に貢献していくという考え方もある。

一流企業のチームであれば、所属チームでしっかりやっていけば、野球を上がった（現役を引退）後の面倒もある程度は見てくれる。自身の生活設計をしっかり見据えていけば、それも一つの選択肢ということになる。

企業での野球ということで言えば、軟式野球で国体や天皇杯を目指して活動している企業チームも多くある。こういう企業も、何人かの野球部としての入社枠を持っている。だから、もう少し野球を続けていきたいという考えであれば、企業で一般社員とともに会社の仕事に携わりながら、軟式野球を続けていくという選択肢もある。この場合も、野球を引退した後には、一般社員と同様に日常の仕事をこなしていくことを求められていく。それだけに、社会人としての日常の常識的なことも身につけていかなくてはならないのは当然のことである。

それでも、野球ネットワークで引退後にも仕事幅が広がっていくということは、よく耳にする。誠実に野球をやっていくことで、組織対応力や帰属意識がはっきりしていけば、それが人生設計の上でも大きく役に立つと言えるのだ。

そういう意味では、高校野球を終えて次の進路を見据えていく場合、入口もさることながら、その出口も見据えておく必要はある。もちろん、それは高校野球をする際の選択とて同じことである。入口としての学校名も大事だが、その指導者がどれだけ出口をしっかり整えてくれているのか。そういうことも見つめておくことが、大事なことになるのだ。

第2章

高校野球を取り巻く、具体的なお金の動き

限られた予算の中で、いかに効率よく対応していくか

それぞれの野球部では、限られた予算（部費）の中で、さまざまな工夫をしながら、より効果的に予算配分を考えている。

実際、経費の中で、最も多く消費されていくのは消耗品でもあるボール代である。硬式野球ボールは通常、練習球と言われているもので800円前後。試合球となると、1000円前後ということになる。このボールの消費だが、通常は練習試合などでも2～3個はニューボールを使用する。これを両チームで出し合って、極力その範囲内で試合を行っていくようにしている。それでも年間100試合を消化するとしたら、300球前後はニューボールを卸す。単純計算すると、25ダースということになる。

もちろん、それだけではすまない。部員数にもよるが、練習球としては年間20～30ダ

ースは必要となる。各学年で30人以上の部員がいるところでは、とてもその数では足りないであろう。そうなると、ボール代をどうするのかということが、部の運営としても一つの大事な要素になっていく。

工夫ということで言えば、現在は再生球を扱っている業者もある。これは、縫い目のほつれや劣化を業者が補修して、ほぼ新品に近い形で再納入するというシステムである。再生球を購入すれば、もちろん20ダースとか、30ダースというまとまった単位が必要となろうが、1個当たりの料金としては330～350円くらいで購入できる。通常のニューボールの3分の1程度で購入できるので、経費的にはかなりの節約になるはずだ。練習球としては、十分に使用可能である。

また、経費としての計上の仕方として、学校によってはボールのような消耗品は「学校備品」の扱いとして、部の予算とは別途の枠組みを設けているところもある。こうなると、部としての予算使用幅はぐっと増えてくる。

もっとも、そうしていくには、校内での営業力というか交渉力が必要となる。部内に渉内担当というか、学校側に対してそういった件を交渉していく担当がいるかどうか。あるいは学校側が、そういう面倒見を意識してくれるのかどうかということになる。実は、それこそが、野球部の学校内での立ち位置にも関係してくるのだ。

監督や責任教師（部長）含めて、スタッフが校内の他の部の指導者や役職教員たち、予算を握っている経営陣などから好意を持たれているか否か。実は、そのことも現実には部の運営として、特に経済面では大きく影響してくるというものだ。

野球部はメディアの露出も含めて、校内では目立つ存在である。それだけに、どうかするとやっかみ半分で「野球部ばっかり優遇されている」という批判も噴出しかねない。そういう意味でも、ある指導者が言っていたが、これは本音でもあろう。

「学校内では、常に他の教員や部活の指導者とは、いい関係を維持していなくてはいけません」

つまり、高校野球をよりやりやすい環境として、選手たちに場を与えてあげるという点では、指導者等の大人の存在が学校でどう評価されているのかという要素も大きいのだ。これは、子どもの野球のために出入りする保護者たちの印象も含めてということになる。野球部の活動で雰囲気がよくなり、学校の評価も上がっていけば、自然に学校内での応援者も増えていくということになる。

野球部が、学校内でいかに応援してもらえる存在になれるか否か。これも、高校野球部のあり方としては非常に重要なことと言える。ひいては、それが部の運営そのものにも関わってくるといっても過言ではない。

少なくとも、そのことで各部との部費の予算配分などにも、少なからず影響はあるはずだ。また、公立校などでは、単純に部員数で部費を配分していくという制度の学校もある。そういうところでは、やはり多くの部員を確保したいというのも本音であろう。学校の課外活動に割り当てられた予算配分を、いかに野球部として確保できるのかということは、その活動実績によるというところも多くある。

とはいうものの、学校から各部に割り当てられる部活動費というのは限られている。いかに創意工夫しても、限度というものはある。ことに公立校の場合は、課外活動予算は全部活動に対して平等に分配していくべきだ、という方針を掲げているところもある。野球はお金がかかるといっても、野球部ばかりを優遇するわけにはいかないという考え方の学校も少なくないのだ。

学校から支給される部費だけでは、年間の運営はほぼ無理に等しい

配分される部費を上手に使っていくために、経済的な無駄や道具などのロスをなくしていこうと努力しても、前述したように限界があるのは自明の理だ。かかる経費は部員の数にもよるし、練習の濃淡によるということもある。実際の練習の中では、夜間照明なども使用すれば、そういった負担も生じてくる。

また、グラウンド整備車などの維持費も考慮していかなくてはならない。施設に恵まれているところは、それはそれで維持費もかかる。グラウンドが狭くて十分な練習ができなかったり、練習場所がほとんどなかったりというところでは、近くの球場などを借りるケースも増えてくる。市営球場などを借りた場合には、その使用料も発生してくる。こういった使用料のことも考慮しなくてはならない。

そう考えていくと、公立校も私立校も、多くの学校では学校予算として支給されるだけの部費での野球部運営は、ほぼ不可能に近い。従って、月単位（あるいは前期、後期に分ける、3カ月ごとなど、学校によってさまざま）で部費を徴収しているところも多い。部費の中に、保護者会としての活動費も含められている、というケースもある。あるいは、部の活動と保護者会の活動は別だという考え方から、別途保護者会費として徴収をしているというところもある。これも、それぞれの事情や考え方によってまったく異なってくる。

金額は事情によってさまざまだが、学校から支給される部費が多ければ、月額の部費は減額していくのかというと、必ずしもそうではない。通常、月当たりで2千〜3千円を徴収しているというところが多い。やはり、活動の範囲や量などによって、部費が膨らんでいくことは否めない。

先ほども述べたが、部の支出として最も多いものがボール代である。対外試合の時は、両校で試合球を2〜3個ずつ用意するということになる。1試合行うにあたり、それで事足りればいいが、ファウルボールなどで外へ飛び出していったり、河川敷などでは水没してしまったりということもあるし、コンクリートで擦れてしまったりするということもある。そうなると、消耗も激しくなる。ボールは消耗品であり、使えば使うだけほころんでいくのは仕方がない。

そんな消耗品の他に、部費では金属バットも準備しなくてはならない。チームによっては、マイバットとして個人負担というところもあるだろうが、一般的な公立校では、年間予算の中で10本程度は新規購入している。金属バットとはいえ、使用頻度が高くなれば折れることもあるし、凹みや傷などで使用不可能となることもある。そういう意味では、バットもやはり消耗品なのだ。もっとも、近年はメーカーの開発技術も進んできており、凹みづらいバットや耐久性の高いバットなども開発されてきている。

他には、練習試合の審判代という出費もある。この目安は、各都道府県高野連での公式戦で審判を依頼した場合に準ずる、ということになっている。1試合4千円程度とされているが、交通費などを考慮するとそれだけでは足りないということもある。交通費を込みで額を決めているというケースもある。

また、近年は特に身体のケアということが重要視されている。そんなこともあって、チームとして専門のトレーナーと契約しているところも増えている。そのトレーナー料も、多くの場合は部費で支払われているというケースが多い。さらには、外部コーチを要請しているところでは、その料金も発生してくる。

このコーチ指導料というのも、額は決められてはいないが、部費の中からコーチ指導料として、ある程度の額は計上されている。1回ごとにコーチ料という考え方もあるが、月に何日か、土日だけとか条件を決めて契約して、月額として支払うというケースもある。専門性の高い元選手や経験値の高い人などに依頼することが多い。

もちろん、技術向上ということが一番の狙いではあるが、投げ方などフォームを修正していくことで、ケガの防止などにも役立っていく。さらには、より多くの大人の目が見守っているということで、事故の防止や安全確認も高まっていく。

そういう意味でも、外部コーチの役割は重要視されてきており、その要請も増えてきている。ことに近年は、球数問題も含めて選手の身体ケアに対する考え方は、格段に上がってきている。だから、いかにいいトレーナーと契約しているのかということを、そのチームの評価の一つとして考えている人も少なくない。

その外部コーチの指導料は、私学などでは学校からの支給というケースもあるが、多くの場合は部としての負担となる。それらを考慮した上で、部費として徴収する金額が決められていくことになる。

さらには、事故などに対しての保険料も部費から負担している。今、保険は部活動としては義務づけられているので、これも欠かせない出費となる。

また、細かいことではあるが、審判員の昼食代もある。対戦相手校のスタッフなどの昼食も、通常は主催校（ホームとなる学校）が用意するケースが多い。これも、毎週末となると、それなりの経費にはなるであろう。

現場では、さまざまな工夫で費用を節約している

市営球場や区営球場といった公共の球場などでは、使用権は地元民優先というところもある。そんな場合には、地元に住んでいる選手の親などに割り振りの抽選を依頼することもある。あるいは、東京都の江戸川区球場などでは毎月、区内の学校に対して優先抽選があるので、それを江戸川はじめ紅葉川、小松川、篠崎などの地元の都立校が申し

込んでいく。

抽選で取れた（当たった）ところは、親しくしている他区の学校に声をかけて、ナイターで試合を組むということもよくあるケースだ。川口市営球場なども、川口市内の学校が優先抽選されるが、球場が確保されれば都内や首都圏など隣接地区の学校と練習試合を組む、というケースが多い。そういう意味では、指導者間同士の交流というのも非常に大切だということになる。

球場使用料に関しては、地域によって格差があるのは否めない。しかも、東京都などでは練習場として使用可能な公営球場が、学校数の割には極端に少ない。だから、都内の学校でも野田市営球場や浦安市民球場、庄和球場といった千葉県などの球場を借りることもある。実際には、交通費を考慮してもその方が安上がりだということにもなる。グラウンド条件に恵まれない学校としては、こうしたさまざまな工夫の下に、より経費のかからない形で何とかいい練習環境を確保していきたいということなのである。

実際に球場の方が、少なくとも校庭の硬いグラウンドで練習を行っているよりも、ボールの消耗は少ない。また、スパイクなどの消耗度も低くなるはずだ。そういう意味でも、日々の練習で極力いい環境を得ることは、トータル的にも経費節減につながっていくということになる。

また、バットなども実戦で使用不可能となったものに関しては、希望する選手が個人の素振り用としてもらい受けていく制度を設けているところもある。こうしたことで、ものを大事にするという考え方を育てることにもつながっていく。それは、毎日使用するグラブやスパイクも同じことである。

ことに、グラブは高価なものである。ちょっと悪くなったから、すぐに買い替えられるというものではない。高校3年間は大事に使用してもらいたいというのは、親や指導者も同じ思いであろう。とはいえ、どうしても具合が悪くなってしまうということもある。そういう場合に、安価でグラブ修理をしてもらえる体制を取れるようにしてあるか否か、ということも大切なことだ。グラブは、手のひらの当たる部分の素材を取り換えるだけでもだいぶ具合がよくなり、長持ちさせることができるようになる。

グラブの修理もさることながら、手入れも指導していくことでものを大事にする心が育まれる。スパイクも丁寧に磨いていくことで耐久寿命は伸びていく。それに自分の足にも馴染んでいき、そのことでケガの防止にもつながっていくのである。

また、金属バットの再生を行っている会社もある。

このように、野球を通じてものを大事にする気持ちを育てていくということも、野球が教育の一環としての役割とも言える。消費経済社会ではあるけれども、消費が美徳ではないというのも今の時代である。

プロ野球選手でも、いや一流のプロ野球選手であればこそ、当たり前のように道具は大事にしているものだ。野球は道具を使用するスポーツである。それだけに、道具を大事にする気持ちを育てていくことも、またとても大事なことなのである。

部費の支出で最も比率の高いボールの工夫

野球部としての消耗品で、最も支出が高いのはボールであるということは前にも述べた。ほとんどの部で、支出の最大値はボールとなっている。学校備品としての項目に入れてもらえているところは別だが、ほとんどの学校はそうではない。

だから、試合球として購入したボールも何回か使用されていくうちに、やがてボールの縫い目などが磨滅していく。そして、投手にとって縫い目が使えないくらいになってくると、やがてシートノックの練習用ボールなどになっていく。さらに、フリー打撃のマシン使用時のボールになり、その後はティー打撃用のボールへと、ボールそのものが格落ちしていく。そして、表面がほつれてきたらビニールテープなどを巻きつけて、ティーバッティングでは使用できる限り使い続けていく。

２０２１年のセンバツで21世紀枠での代表校となった八戸西では、小川貴史監督が八戸高等支援学校の教員ということもあって、特別支援学校の生徒たちが作業学習授業の一環で、リサイクル班にティー打撃用のボールのビニールテープの再補修などで協力してもらっている。そして、野球部は支援学校の生徒たちにストレッチのやり方を伝授するなどして、交流も図っている。21世紀枠として選出された要素の一つに、そうした活動が評価されたこともあったのは確かだろう。

ビニールテープボールは、より芯で捉えていかないとミートの感触がよくない。だから、このボールを打ち込むことによって、芯で捉える感覚をマスターしていくことにもなる。それに、ボールそのものもやや重くなるので、ロングティーなどではより強いスイングを心掛けていかないと飛ばなくなる。経費節減とともに、そうした効果もあるし、ものを大切にしていこうという気持ちも育まれていく。そういう意識を育てていく要素もあると言えよう。

また、同じく21世紀枠代表校として選出された三島南では、稲木恵介監督が大学では準硬式野球部に所属していたということもあり、練習では準硬式球を使用することもよくあるという。

準硬式球は、硬式球と同様の芯がありながら、表面は軟式球と同じような形になっている。従って、ちょっとよく弾むものの重さなどはほとんど一緒である。それに通常、準硬式球は硬式球よりも物持ちがいいと言われている。表面がゴム製なので、特に雨の日などはボールの消耗度が硬式球に比べるとだいぶ低くなっていく、ということが言える。そうしたこともあって、準硬式球で練習をするというケースもあるようだ。

こうした工夫もまた、現場で指導者たちが考えながら取り組んでいることの一つと言っていいであろう。このように高校野球の現場では、指導者たちも常に何をどうしたら経費が節減できるのかということを考えながら、より効率のいい練習はないものかと模索しているのである。

また、三島南は地域貢献と野球の底辺拡大ということを目指して、地域の幼児や小学生に向けて、野球体験会を年に何回か実施している。これは、野球人口の減少に危機感を抱いた稲木監督が、「次世代の野球少年を育てていこう」という発想から、積極的に開催していったものである。こうした活動も評価されて、２０２１年の21世紀枠での選出につながったとも言えるであろう。

「子どもたちに自分たちが教えるということで、より自分も野球を勉強していかなくてはならない」

その効果を稲木監督はこう述べていたが、それだけではない。

「体験会には、遊びの延長という気持ちで取り組んでいくのだけれども、野球は道具を使う競技でもあるので、道具を大事に扱わなくてはならないということも教えていく必要があります。そうすると、教える自分たちも、バットやグラブを粗末に扱っていてはいけませんからね」

と、さらに行動と気持ちの面でも、選手たちを成長させていくことにもなっているという。そのことで、道具そのものを長持ちさせられることにもつながっていく。

そして、地域の人たちもこうした活動を高く評価していくようになる。そうなると、さまざまな寄付や支援が集まってくるということにもなる。

事実、21世紀枠での出場が正式に決まると、地域の人たちからもより声をかけられるようになったという。

「三島南で野球をやりたいと思ってくれる子どもたちが増えてきてくれれば、それが学校の活性化にもつながっていきます。学校への入学希望者が増えてくれれば、自然と学校の質も上がっていきます。高校野球の選手というのは、ある意味ではそれぞれの地域のヒーローでもあります。だから、それにふさわしい者としての行動にもつながっていきます」

と、野球体験会を通じた選手の成長、地域との関わりも含めて、それが野球文化としての定着、広がりとも言えるようだ。

進化する道具類と工夫する指導者たち

こんな話がある。かつては内野手のゴロ捕球の練習などでは、グラブの網で捕る癖のある選手などに対して、ボールを手のひらで捉える感覚を身につけさせるために、監督やコーチがグラブを外させて素手でノックボールを受けさせるということもあった。ところが、それに従って捕球していたら、手のひらを骨折するというケガを負う事態も発生した。そして、指導者は体罰ということで、謹慎を余儀なくされたりするのだ。

そういったトラブルを防止したいので、ゴロ捕球の基本でもある手のひらで捕る感覚や捕球の感触を身につけるために、サイズの小さいゴロ捕球練習用のグラブを特注するということもある。それをメーカーに依頼して特別に作ってもらうのだが、当然金額はかかる。こうした変形グラブなどは、全員というわけではないから、個人負担になることはほとんどないだろう。何とか部費から工面して、練習用として何人かが使用するということになる。

指導者としては、効率のいい方法で技術向上を図りたいので、そんな工夫もしている。また、イレギュラーバウンドの処理のために、楕円形のボールを依頼してその不規則な転がり方に対応する練習などもある。これも、そんな特殊球をメーカーに依頼しなくてはならない。

そうした練習用の特殊道具ということで言えば、近年はスイング強化用のバットというものもある。かつては、マスコットバットという通常より重いバットを振ってから、打席に入るということもあった。ただ、現在はネクストサークルでの使用は安全面という点からも、禁じられている。

その代わりと言っては何だが、今ではスイングスピードを上げたり、パワーアップしたりするために、バットのヘッドは固定されているが、軌道を確認できるよう三段階に分けられているスイングバットもある。それをカチンと鳴らしていくことで、正しいスイングを確認する用具でもある。バットが波打っているといいスイングができないので、パワーアップだけではなく、スイングの矯正にも効果的ということである。

ただし、価格も1万5千円から2万円ほどするので、部として何本も購入するわけにはいかないだろうが、チームとして持っていたいと考えるところもあるだろう。

こうした技術力やパワーを上げていくための備品や道具も、いろいろ種類が増えていけばいくほど、試してみたいと考えるのもまた指導者たちの思いでもある。

加えて、近年では投球フォームや打撃フォームを動画で撮影して、それを見ながら修正していくという練習方法も一般的になってきた。そうした撮影機材なども、機を見て購入していかなくてはならない。こういった予算立てをしていくのも、部としては大切なことになっていく。

これらも、学校によっては、校内備品という考え方の予算枠を取れるところもあろう。しかし、その限りではないところも多くある。そういう意味では、学校格差というのは高校野球では否めないところでもある。

高校野球の現場に出入りする
さまざまな業者たち

野球に限ったことではないが、高校の部活動の現場にはさまざまな業者が出入りしている。ことに消耗品も多く、用具も多い野球部の場合は、さまざまな業者が訪れる。ユニフォームや練習着の受発注はもちろんのこと、ウインドブレーカーやチームスタジアムジャンパー、トレーニング着などもさまざまだ。そのための試作品なども多く持ち寄られる。

それ以外にも、健康サプリメントを用意する会社や、トレーニングマシンなどの業者も訪れる。さらには、バックネットの修理点検や、照明機器といったグラウンド周辺に関することを営むところもある。それらの一つひとつとの付き合いも、部の運営という点からは欠かせないものになっている。

そうした備品関係の扱いなどは、監督のこだわりということもあるが、一般的に多くの場合は、責任教師という形で登録されている部長が行う。高校野球部の場合、部長が部の運営に関して、予算面なども含めて関わっていくことになるが、その裁量も大きい。

部としての実績を上げようと思えば、監督と部長のコンビネーションがいかに取れているかということも重要な要素になる。いい活動ができているところは、おおよそ監督と部長との間にいい関係が築かれている。そして、部長が渉外的な役割を果たして、出入り業者と付き合っていくというケースが多い。

どんな業者を選定していくのかということも大事だが、多くの場合は人間関係によるところが大きい。また、元プロ野球選手や社会人での経験のある人が、引退後に何らかのスポーツ用品やトレーニング備品を扱うというケースも少なくはない。そんな場合には、外部コーチ的に技術指導も行うので、それに伴って備品の納入を依頼されていくということもある。

そのあたりのさじ加減をどう見ていくかというのも、実は部を運営していく渉外担当の役割ではある。どういう業者と、どのような形で付き合っていくのかということは、部の運営としても、とても大事なことになっていく。

それは、遠征に関することも同じである。遠征バスの確保から宿泊先などに関しては、値段ということだけではなく、安全性や衛生面にも十分に気を配らなくてはいけない。正直、そうしたトータル面で目が行き届いている部長は、部の運営としては非常に重要な存在となってくる。

遠征を組んでいる学校では、遠征先でいかにいい関係を保てているのかということが、その先の付き合いにもつながっていく。

その関係性がいいか悪いかで、その後の付き合いも当然ながら変化していくのだ。公立校の場合は、教員の異動ということもある。そうなると、業者としては個人と付き合っていくのか、その学校と付き合っていくのかということによっても異なってくる。

教員（監督）個人との付き合いが深い場合は、業者としては異動した先で、新たな得意先という形で付き合いが生じていくケースもある。

そういう意味では、転職先で以前の業者との付き合いが続いていくということにも似ており、他の産業とまったく同じだと言える。ことに高校野球は、やはり部活動の中でもお金が多く動く。だから、その出入りと管理は常にオープンな形で、ガラス張りにしておく必要がある。保護者や学校管理職なども、しっかりと把握できる形を作っていくことが好ましいのは言うまでもないことだ。

癒着ではない便宜性。実は、高校野球部と業者との関係性というのは、その一点に尽きるといっても過言ではあるまい。

少年野球も高校野球ビジネスのバックボーン

小学生や中学生で、一生懸命に野球に取り組んでいる子どもたち。いわば学童野球や少年野球の選手たちにとって、高校野球の選手はヒーローである。地域へ行けば、前述した三島南の稲木監督が言うように、その地域の高校野球部の選手こそが身近なヒーローなのだ。そんな選手たちが活躍すれば、少年たちは夢中になって応援する。そして、そんな高校野球の選手たちは子どもたちの憧れの存在になっていくのだ。

憧れの存在になったら、次に何をしたくなるかというと、その憧れのスタイルにより近づいていきたいと思うようになる。

そもそもスポーツの上達は、物真似から始まるとも言われるくらいだ。それは、フォームを真似ることはもちろんだけれども、動作もさることながら、その選手と同じ用具を使いたくなるというものだ。あるいは、その選手が購入している店で、同じものを購入したいという気持ちにもなるだろう。

実は、プロ野球の選手が、スポーツ用品メーカーとアドバイザー契約を結んでいくというのも、スポーツ用品メーカーにとっては、そのファンや憧れている人たちが、同類のものを購入したがるという心理を突いているところがある。

プロ野球のレプリカユニフォームなども、人気があるグッズの一つである。まさに、そんな心理を突いた商戦でもある。もちろん、そんなファン心理は、身近なスターでもある高校野球の選手たちに、同じ思いを抱く地域の子どもたちがいたとしても不思議ではない。

野球の普及や技術向上という点からも、憧れの存在を目指して真似ていくことで、野球に親しんでいくということを考えれば、それは決して悪いことではない。だから、スポーツ用品店なども、積極的に地域の高校野球に協力していく。それは、裾野の少年野球の選手たち、その親たちにも影響が波及していくからである。

そういう意味では、少年野球の広がりは高校野球を通じて、地域経済の発展にも寄与していくということにもなる。

もっとも高校野球の場合は、商業主義に走っていくことは、日本高野連からの通達で厳しく制限されている。ただ、それは有望選手に対して、スポーツ用品メーカーがその後にプロ野球選手となった際のアドバイザー契約を目論んで、早くから囲い込みをしていくことへの防止という意味もある。

またテレビ放映の場合では、投手の使用しているグラブは好むと好まざるに関わらず、画面に映し出されることが非常に多い。そのことで、そのメーカーがわかってしまうことを防止していこうという意図もある。だから、ユニフォームやスパイクなどに関しても、可能な限りメーカーの特色がわからないようにという通達で、商標の排除ということが求められている。

とはいえ、そこはメーカー側も対抗策を講じてきている。ヘルメットなども、耳当ての形や頭上の通気口の形などで、それぞれのメーカーがわかるような仕組みになっている。そして、それに憧れて少年野球の選手たちも、憧れの学校と同じ形のもので揃えていこうということになる。

そういう意味では、連盟側の規制とメーカー側の工夫との追いかけっこということも言える。ただ、それは何も高校野球に限ったことではない。というよりも、他のスポーツでもそういう商業主義を受け入れていかざるを得ないところもある。

陸上競技などでは、NHKで全国放送される年末の都大路で開催された高校駅伝で、有力校がピンク色の厚底シューズと言われるものを履いて快走した。このことで、それが一気に普及した。さらには、正月の箱根駅伝でも同様の傾向があったことで、トップランナーを目指す選手たちには、一気にピンク色の厚底シューズが定着していった。

こうした傾向は、すぐにその下のジュニア世代にも伝播していく。

中学生レベルでも、1足3万円近くもするシューズを求めていくことになった。親としても、子どもが頑張っているのであれば、多少の出費は仕方がないという気持ちにもなっていくものだ。

こうして、用具の普及は裾野へ裾野へと広がっていく。

野球の場合も、憧れである高校野球選手の活躍によって、裾野への広がりが生じてくるのは当然のことである。広い目で見れば、それが野球の普及ということにつながっていくのも、また確かなのである。

「弘法筆を選ばず」なんていうことわざがあるが、今の時代は「弘法筆を選ぶ」なのである。大人が「子どもの野球だから、こんなもんでいいだろう」という意識で、そこらのおもちゃ店などの吊るしで売っているようなグラブを与えていたのでは、その程度の意識でしか野球をやらないようになっていく。だからこそ、少年野球も道具に対してのこだわりは必要となってくるのだ。

もちろん、その意識はスポーツだけではない。将来、音楽系の道へ進んでほしいと願っている親であれば、子どもにも立派なピアノやバイオリンを与える。美術系の道へ進んでほしいと願えば、高級筆を与えるのと同じ発想である。

技術の向上への近道は、まずいい道具を与えてあげることだ。そして、いい道具を与えられればこそ、ものを大事にしていかなくてはいけないという心も育つ。そして、手入れをしていくことや、道具をケアしていくことも身についていくようになる。

さらには、それだけの道具を与えられているのだから、それにふさわしい姿になっていかなくてはならないという意識も育まれる。

野球に対して本気で取り組んでいく意識を育むという意味からも、少年野球が高校野球ビジネスのバックボーンになっているのである。つまり、高校野球選手の活躍が、地域のスポーツ用品業界の下支えにもなっているのである。これもまた、経済の法則とも言えようか。

具体的に、全国強豪校の経済事情を聞いてみた

今回、本作品を執筆するにあたって、全国的な強豪校も含む百校ほどにお願いして、「野球部活動としての経費等に関して、可能な限りで構わないので具体的な数字や現状を教えていただきたい」ということで、アンケートを依頼してみた。

もちろん、全国で3700校前後の高校に野球部が存在していて、そのすべてに依頼することは物理的にも不可能である。また、学校等の事情や方針によって、公表することはできないというところもあった。それでも、回答をいただけた中で、具体的に紹介

しても大丈夫という学校を、あくまでそれぞれの参考例ということで紹介させていただくことにした。

アンケートに関しては、経済的な要素として【部費と経費について】という項目と、【遠征、合宿等について】という項目で回答をいただいた。そのいくつかを参考までに紹介していこう。

もっともアンケートについては、それぞれ依頼した時期にも差異があり、金額や部員数等の数字についてはその当時のままとなっている。また、学校予算として部費としての配分と生徒会予算との二本立てのところや、東京都のように別途自律系活動予算（頑張っていると判断された部活動や生徒会活動などに割り当てられる別途予算）として配分されるというケースもある。

私立と公立でも状況は異なるであろうし、学校のあり方や方針によって事情は各校さまざまであることを最初に断っておく。

【部費と経費について】（アンケートからピックアップ＝部員数、金額はアンケート実施時の数字）

1 学校からの部費としての支給額

〈私立校の例〉

約２〜３００万（私立・愛知啓成＝部員数１０１人）
２８０万（私立・明豊＝部員数96人）
２００万（私立・健大高崎＝部員数96人）
１５０万（私立・国士舘＝部員数１０４人）
１３０万（私立・三重海星＝部員数87人）
１３０万（私立・履正社＝部員数75人）
１００万（私立・中京大中京＝部員数99人）
１００万（私立・東海大菅生＝部員数１０３人）
約１００万（私立・専修大附＝部員数50人）

70万　（私立・愛産大三河＝部員数58人）
55万　（私立・大森学園＝部員数65人）
54万　（私立・立教池袋＝部員数35人）
50万　（私立・愛知桜丘＝部員数57人）
50万　（私立・城西大城西＝部員数43人）
約50万円　（私立・二松学舎大附＝部員数66人）　※定額ではなく必要に応じて請求
40万　（私立・創成館＝部員数１２６人）
40万　（私立・加藤学園＝部員数48人）
40万　（私立・安田学園＝部員数60人）
40万　（私立・専修大松戸）　※生徒会費として支給。その他必要に応じて
30万　（私立・藤枝明誠＝部員数69人）

私立校の場合、学校によって部費としての予算幅がかなり広いことがわかる。私立校で野球部は強化部ということにはなっているけれども、必ずしも予算としては十分かというと、そうとは言い切れないであろう。

それに、予算としての額の差が、そのまま野球部強化費や支援につながっていくのかというと、必ずしもそうとは言えない。学校の立地条件やグラウンド環境も含めて、予算配分はあくまで学校裁量によるものであるからだ。

また、消耗品やグラウンドの整備費などに関しては、学校備品の一部として別途予算を組んでいるところもある。あるいは、専大松戸のように生徒会費から分配されていくというケースもあるようだ。

いずれにしても、予算幅は私学の方が広いと言えそうだ。

〈公立校の例〉

73万（市立・市立川越＝部員数68人）
66万（都立・府中工＝部員数42人）
60万（県立・大府＝部員数74人）
60万（県立・狭山清陵＝部員数34人）
60万（都立・高島＝部員数72人）
54万（県立・成章＝部員数64人）

50万　（都立・四商＝部員数18人）
46万　（県立・豊橋南＝部員数24人）
43万　（県立・岡崎北＝部員数35人）
40万　（県立・岡崎工科＝部員数90人）
40万　（県立・静岡商＝部員数55人）
40万　（都立・田無工＝部員数24人）
40万　（都立・葛飾野＝部員数41人）
約40万　（都立・小岩＝部員数42人）
39万　（県立・安城東＝部員数54人）
35万　（都立・千歳丘＝部員数39人）
35万　（都立・小山台＝部員数84人）※生徒会費からの支給
32万　（県立・宇都宮＝部員数28人）
30万　（県立・安城＝部員数40人）
30万　（都立・片倉＝部員数63人）
約30万　（都立・東村山西＝部員数39人）

25万　（都立・紅葉川＝部員数43人）
20万　（県立・大垣商＝部員数76人）
20万　（都立・総合工科＝部員数63人）
20万　（都立・杉並工＝部員数8人）
20万　（都立・足立新田＝部員数66人）
20万　（都立・雪谷＝部員数65人）
20万　（市立・川口市立＝部員数63人）
15万　（都立・新宿＝部員数22人）
13万　（県立・相模原＝部員数85人）
12～3万　（都・西＝部員数32人）

回答をいただいた範囲では、公立校の場合は100万円を超えたところはなかった。おおよそで言えば、一般的な公立校の場合は、30～50万円程度が学校から支給される年間部費といっていいであろう。もっとも、それだけの予算しかないということになるのだが、これだとボールを100～150ダースほど購入して、金属バットを10本ほど購入したらほぼ使い切ってしまうという金額になる。

もちろん、それは私学とて変わらないということにはなろうが、公立校は私学よりも特別枠の予算取りが難しいというところがあるのは確かだ。そうした中で、それぞれの学校は何とか工夫をして工面しているというのが正直なところではないだろうか。

したがって、どうしても学校から支給された予算以外に、別途部費という形で部員から月ごと、あるいは年間活動費ということで徴収しているところがほとんどだ。また、それらに関して、私学も公立も学校の野球部の考え方としてそれぞれの形で集めている。中には、保護者会費という形で集金しているところもあれば、遠征費のための積立金も含めて集金しているというところもある。

そうした事情も踏まえた上で、アンケートに回答していただいた中から、部費として徴収している学校の一部を参考までに紹介しておこう。

また遠征費に関しては、その都度、遠征人数の頭割りで計算して集金というところが多かったが、私学の中には部費の中から遠征費を負担しているというところもあった。あるいは遠征に関しては、別途学校予算の中から割り当てられているという学校もあった。それらの配分も、学校の事情によってそれぞれである。

次に示すのは、あくまで参考ということで参照していただければという思いで、一部をここで紹介しておくにとどめた。

さらには、遠征費の一人当たりの目安や合宿費（寮費）なども、差し支えのない範囲で紹介させていただいた。参考としていただければ幸いである。

2 部費として別途徴収している額

〈私立校の例〉

13000円／月（藤枝明誠）、8000円／月（健大高崎）、7000円／月（創成館）、6500円／月（愛産大三河）、6000円／月（安田学園）、5000円／月（三重海星、中京大中京）、3000円／月（国士舘）、2000円／月（明豊）、60000円／年（桜丘）、38000円／年（専大附）、12000円／年（東海大菅生）、60000円／年（城西大城西）、15000円／前・後期（常総学院）、なし（専修大松戸、二松学舎大附、加藤学園、愛知啓成、履正社）

〈公立校の例〉

5000円／月（総合工科、岡崎北、大垣商、狭山清陵）、4000円／月（岡崎工科、川口市立、足立新田）、3000円／月（府中工、高島、田無工）、2500円／月（新宿）、2200円／月（東村山西）、1500円／月（西）、200円／月（成章）、12000円／年（宇都宮）、100000円／年（相模原）、42000円／年（千歳丘）、40000円／年（都四商、片倉）、36000円／年（小山台、葛飾野）、24000円／年（杉並工）、16000円／年（雪谷）、12400円／年（静岡商＝保護者会で保護者会費と合わせて集金）

●部費の用途として多いもの

私立校の場合　①ボール（試合球、練習球）　②遠征費　③トレーナー代

公立校の場合　①ボール（試合球、練習球）　②バットなどの用具　③練習試合審判代

【遠征、合宿等について】

❶ 年間の遠征費のおおよその一人負担額

25万（健大高崎）、12万（安田学園）、10万（都・高島、県・相模原）、10万（市立川越　※積立制度あり）、10万（愛知啓成　※遠征に行った選手のみ）、8〜9万（愛知桜丘）、8万（豊川）、7万（県・狭山清陵）、6万（城西大城西）、5万（東海大菅生、千歳丘、愛産大三河、明豊、創成館）、4万5千（中京大中京）、4〜5万（履正社）、4万（田無工）、3〜4万（専修大松戸）、3万（県・宇都宮）、2万（二松学舎大附　※交通費は学校負担）、1万／1泊（常総学院　※年間で2日くらい）

❷ 合宿所（寮）のある場合の寮費

3食付き70000円（三重海星）、3食付き66000円（東海大菅生）、3食付き60000円（愛知啓成、創成館）、3食付き55000円（健大高崎、豊川）、3食付き55000円（明豊　※土日祝も毎日3食付き）、2食付き48600円（常総学院）、2食付き37000円（二松学舎大附）

第3章

甲子園出場での経済事情とその背景

私学にとっては経営と直結し、地場の公立校も高校野球で知名度アップ

よく、甲子園出場による経済効果ということが言われる。果たして、その具体的な効果とはどのようなものなのだろうか。一番わかりやすいところで言えば、やはり私立校では顕著なことなのだが、学校名が広く知られるということである。そして、そのことで、私立にとっての生命線とも言える入学希望者（志願者）が増えていく。受験生が増加すれば、単純に受験料だけでも増収ということになる。

校名を認知されるということで言えば、高校野球で活躍することは、他のスポーツ競技よりもはるかに効果が高い。そのことに関しての詳細は、歴史的な部分も含めて後述する。

簡単に言えば、メディアと野球との関係性からも、学校経営というところからも、高

校野球の活躍が経営的に明るいものになるのは、圧倒的な事実だということになる。このことは確かである。

さらには、受験生が増えればそれに比例するかのように、入試レベルは上がっていく。入試レベルが上がれば、当然のことながら入学してくる生徒の質も上がってくる。それは単純に、偏差値が上がっていくということだけにとどまらない。生徒の質が上がれば、自然と進学クラスや特進クラスといったクラスが増設される。そのことで、地域で進学を目指す生徒の志願者が増える。結果的に、地元での評判も高くなっていく。こういった連鎖が起きてくるのである。

また、生徒の質が上がれば、地元で支えてもらえる傾向も大きくなっていく。地元で学校の存在が認められていくということは、地方都市へ行けば行くほど、さらに重要な要素となっていくのだ。これは、何も私立校に限ったことではない。公立校であればこそ、より地域で愛される存在、認められる存在であるか否かは、野球部としての活動にも影響を与えてくる。

地元での評判を得ると、「〇〇高校の生徒さんはいいねぇ」ということになっていく。学校運営にとって、地域の評価は不可欠な要素でもある。いかに地域の存在として認められているのかということは、とても重要になるのだ。それは、今の時代はテレビや新聞報道だけではなく、Ｗｅｂ媒体をも含めて露出が多くなっていくからだ。メディアでの取り扱いが増えると、それらがさらにＳＮＳなどで拡散されていき、よりメディアからも注目される存在となる。そうなると、ますます地域での評判は大事な要素となってくるのである。

評判が良ければ、さらに人気が出てきて、志望者が増えていくということになる。こうして、高校野球の活躍によって校名が知られることで、地域社会からも評価されていくということが、相乗効果として表れてくるのである。

だから、高校野球は地場産業的要素もあるということになる。たかが高校野球が、たかがでは済まなくなるのは、そんな現象があるからだ。ことに今の時代では、小さなことでもすぐにネットなどで拡散されていく。それが場合によっては、とてつもない影響力を与えてしまうことになるからだ。

もっと言えば、影響力があるからこそ、私学経営の方向性としては、より高校野球に力を入れていきたくなるのである。もちろん、スポーツで名を上げていくということは、野球に限ったことではない。だけど、後述するが高校野球の場合は、歴史的背景も含めてメディアとの関わりは他のスポーツよりも圧倒的に強い。メディアを通してより影響力が高くなっているというのは、揺るぎない現実なのである。

そういう意味では、甲子園出場を果たせば、学校の宣伝効果としては計り知れないものになる。さらに言えば、地元が盛り上がることで、地域では〝町おこし〟という点からも大いなる効果がある。これは、何も私学に限ったことではない。むしろ、地場に根差している公立校の方が影響は大きい。広義で言えば、そのまま新たな産業にもつながっていくくらいの影響力がある。

歴史的に見ても、70〜80年代に甲子園で一時代を築いた徳島県の池田、和歌山県の箕島（有田市）などは顕著な例といっていいであろう。

池田の場合は、徳島県の観光スポットの一つとして紹介されるようになったくらいだ。箕島も、まず「みのしま」と読んでもらえるようになったこと。そして、地域のメイン産業の一つである有田みかんが、全国的に有名になっていったということもあった。スーパーの売り場には、「箕島の選手も食べた〝有田みかん〟」などと書かれていたところもあったくらいだ。これらの例でも見られるように、甲子園で地場に根差した学校が活躍すればするほど、地域は活性化していく。

２００１（平成13）年には時代も21世紀となり、「21世紀枠代表校」が選出されるようになった。その選出要素の一つとしては、「地域貢献」や「困難克服」ということも尊重されている。そうなると、勢い過疎地や自然災害で被災からの復興という活動も重んじられていく。

21世紀枠の選出に関して、否定的な見方をするファンなども少なからず存在しているが、高校野球の存在意義とその活動目的を鑑みれば、推薦要素も含めて意味は十分にあるものと考えられる。ことに今の時代では、少人数ながらも創意工夫を凝らして活動している学校や、少ない予算を上手に工面しながら活動していくことも、「困難克服」の要素としては評価されよう。そして、応援ツアーなども含めて、地域の活性化と経済活動の要因としても意味はあると言える。

それぞれの土地で地元の学校、いわゆる「おらが学校」と言われているようなところが全国の舞台に繰り出すことで、その土地そのものも広く紹介されていく。また、生徒獲得という意味では、定員割れしかねない過疎化の進む土地にあるような公立校にとっては、非常に大切なこととなる。

地域を活性化していくということは、今の時代では非常に大事な要素でもある。高校野球は、その一端を担っているといっても過言ではないのだ。２０２１（令和３）年には、センバツ出場を果たした長崎県の離島の大崎や、21世紀枠出場を果たした沖縄県の具志川商や静岡県の三島南なども、十分に地域の文化経済の発展に貢献していると言えるであろう。

甲子園出場が決まると、どれだけの経費負担が生じるのか

コロナ禍ではあったが、２年ぶりに開催された２０２１年春のセンバツは、アルプス席に入る応援団も入場制限があって、従来のようにブラスバンドの演奏はなく、事前に録音されたものを流すのみということになった。それでも、チアリーダーも含めた応援団はＯＫということで、親や学校関係者を含めて千人上限ということではあったが動員されていた。

本来ならば、多くの在校生や父母たちや関係者が詰めかけて、それぞれが手に手に応援グッズなどを持って声を枯らせながら応援するのだが、今回はそういうスタイルではなかった。そういう意味では、かつて例のない形でのアルプスの応援風景となった。

対応も学校によって異なっていた。中京大中京などは、準々決勝になってやっとチアリーダーの派遣が解禁された。それでも、そこから2試合を戦えたのはさすがと言っていいだろう。

それでは、コロナ以前の2019年までの甲子園出場の場合、果たして応援団経費などはどれくらいを見ていたのだろうか。参考までに、21世紀枠で初出場を果たした学校の、おおよその応援予算を取材させていただいたら、**［表5］**のようになっていた。

甲子園出場を果たすと、主催者からベンチ入り選手分とマネージャー、引率の責任教師、監督の交通滞在費は支給される。しかし、当然のことながら、現地での滞在期間中の練習のことなども考慮しなくてはならない。まずは、練習場所の確保がある。滞在期間が長くなればなるほど、日々の練習場所の確保も必要となる。それに、練習補助となるベンチ外の選手たちの滞在費用などは、当然当該校の負担ということになっていく。

さらには、現地でもなるべく普段と同じ状態、同じ環境で過ごせるように配慮して、

表5 甲子園出場にかかる支出費用としての予算組み立て（例）

ベンチ入り選手とマネージャー、監督・責任教師の21人は主催者からの公費による支出となるため、ここでは野球部としての費用としては扱わない。

1 甲子園出場費用

野球部物品費用	¥11,400,000
交通費・滞在費	¥7,200,000
計	¥18,600,000

2 応援団費

チアリーダー衣装等一式(指導料等含む)	¥800,000
応援用の楽器等の購入	¥920,000
応援バス代、宿泊滞在費	¥8,200,000
アルプス入場券、応援グッズ	¥9,000,000
応援用ビデオ、応援指導支援費等	¥700,000
応援用編曲、応援ビューレンタル等	¥300,000
応援横断幕新規作成	¥150,000
計	¥20,070,000

3 関連事業費

ポスター、印刷封筒等	¥1,200,000
通信費・事務費・会議費	¥550,000
出場記念冊子@600×15,000	¥9,000,000
記念DVD	¥1,000,000
主催新聞社の折込広告費@10×250,000	¥2,500,000
記念碑等の作成（任意）	
計	¥14,250,000

日々使用しているウエイト器具やマシンなどを運搬するところもある。そういう場合は、やはり別途運搬費用などもかかっていく。

他にも、甲子園出場によってユニフォームの新調や、それに伴ってベースボールバッグや、その他の周辺グッズなども新調したり、新規に作成購入したりするということもある。それらも、ベンチ入り選手だけではなく全部員分を購入していくと、それだけ予算は膨らんでいく（場合によっては、ベンチ外の選手は3年生の分のみ新調、新規購入というケースもある）。

出場決定から、応援のための資金集めまでの流れ

甲子園出場が決まると、まず甲子園へ送り出すための準備委員会が設立される。

これは、学校によってそれぞれケースが異なるであろうが、常連校と言われるところ

はともかく、ことに初出場や久々の出場の場合はてんやわんやとなる。代表決定から本番まで約1カ月半以上ある春と違って、夏の選手権は代表決定から大会開幕までの期間が極めて短い。地区によっては、地区大会決勝から甲子園の開幕まで、1週間から10日くらいしかないという日程になっている。雨などで日程がずれ込んでいれば、それよりも短いというケースも起きてくるであろう。

そんな中で、応援体制を作り上げていかなくてはならない。それに万が一、開幕日に試合ということになったら、それこそ準備期間はさらに短縮されてしまう。その対応は、まさにすべてが突貫工事となる。

かつて、記念大会となった東愛知大会を制して、3度目の甲子園出場を果たした大府の場合を例に取ってみよう。地元の公立校という形でもあり、甲子園出場でどんな段取りが必要なのかということがある程度顕著な例だ。

大府の場合、出場が28年ぶりとあって、初出場とあまり大差ない感覚である。ところが、代表決定からあっという間に「甲子園出場後援会」が設立された。その構成としては、会長として野球部後援会長が出場実行委員会会長も兼ねて着任。副会長としては同窓会会長、野球部ＯＢ会長、ＰＴＡ会長、学校の後援組織である伊勢木会会長、商工会議所会頭、あいち知多農業協同組合長、大府市体育協会会長などが名を連ねた。

まずは、地元の組織をしっかりと確立していくということになる。こうした構図を見ても、改めて高校野球がいかに地域と密着していなければならないのか、ということがわかるだろう。地域に根差していればいるほど、こうした根幹部分での準備が進んでいくというものなのである。

さらには、地域行政も巻き込んでいくことになる。大府の場合、委員としては大府市の副市長と教育長、市内4中学の校長と区長会から数名が選出されている。加えて、老人クラブ連合会長、大府市文化協会、地域婦人連絡協議会、青年会議所理事長に体育協会副会長なども参加。こうして、まさに地域を巻き込んでの「甲子園へ送り出す会」が組織されていく。

出場実行委員会としては、「募金部会」が設置されて伊勢木会、ＰＴＡ、野球部ＯＢ会、同窓会と区長会に向けてのそれぞれの役割が振り分けられている。

こうした運営委員会が、それぞれの伝手を用いて集金活動などを行っていくというのが、かつて甲子園出場を果たした場合の応援体制を作っていく形だった。ただ令和になって、しかも新型コロナウイルスの感染拡大によって、甲子園の応援体制そのものが大きく変わってきた。今後のことも、先が見えない状況になってきている。

それでも甲子園出場となれば、やはり地元では応援体制を作っていってあげたいという形にはなるだろう。そしてパブリックビューなども含めて、応援グッズなどが配られていくことになる。当然、それらの経費もかかっていく。

勝ち上がるごとに追加で寄付を徴収していくこともあるが、応援団経費なども含めて、通常であれば1回の甲子園の試合で、最低でも約2千万円はかかると見ておく必要がある。勝ち上がっていけば、それに試合数分だけの掛け算ということになる。

かつては大会も終盤になってくると、応援生徒たちは寺社などで宿泊ということもあった。しかし近年は、交通網が発達していることと、休息日が設けられることになって日程間隔が空くということもあり、弾丸ツアーのように一旦帰郷して、試合の前日や当日に再び甲子園へ向かうというケースが増えてきているようだ。

甲子園出場はなくても、プロ野球でドラフト指名されると知名度もアップ

高校野球の指導者の思いは、もちろん選手たちを甲子園に導いてあげたいということが一番の目標である。そして、甲子園出場を目指していく過程の中で、時には心を鬼にしても厳しい言葉を投げかけたり、ハードな練習を課したりすることもあるだろう。だからこそ、その目標が達成された時の喜びは、また格別なものがあるとも言えよう。

ただ、その目標達成がすべてではない。甲子園至上主義になっていくと、高校野球で本来求めていること、目指していることを見失っていく場合もあるからだ。高校野球はわずか3年間、実質2年4カ月の中で、大人と高校生としての濃密な時間を過ごしながら、人間関係を育てていく場でもあるのだ。

高校野球が教育の一環と言われている以上、甲子園出場という目標以上に「野球を通

じての人間形成」ということがある。これが、高校野球の社会的目的でもある。選手たちが、最終的に「野球をやっていてよかった」と思える形で送り出してあげること。それができたのであれば、甲子園出場という目標達成以上に、部活動としての成果と意義はあるとも考えられる。

高校野球の場合、チーム作りということを考えると「どんな選手を獲得するのか」、あるいは「どんな選手が来てくれるのか」という入口はとても大事である。しかし「卒業後に、この選手をどこへ行かせてあげようか」という出口を整えていくことは、指導者にとってはもっと大事な仕事でもある。

ただ、指導者たちがよく口にするのは「甲子園出場を本気で目指せるチームを作りたい」ということと、「プロ野球選手を送り出したい」ということである。やはり、野球選手としての最終ゴールの一つとして、プロ野球選手というのがある。そこに自分が育てた選手を送り込みたいというのは、指導者としての一つの目標でもあるのだ。

今の時代、プロ野球のドラフト会議の注目度は高い。テレビでは、1位指名は地上波の生放送で中継されるが、2位以下の指名に関してもBS放送などで最終指名まで中継される。インターネットでも、リアルタイムの速報で指名選手を紹介していく。そこで、学校名も紹介されることになる。

それだけではない。翌日のスポーツ紙には選手の顔写真入りで、指名選手一覧表が掲載される。そして上位指名選手は、指名された時の様子や指名あいさつなども、細かく紹介されていく。だから、指名候補選手の所属する学校では、その日は朝からマスコミ対応なども含めて大忙しとなる。

取材に関してのマスコミ受付や、指名会見場も設けなくてはならないし、他の関係者などが訪れる可能性もある。ことに甲子園出場を果たしていない、いわゆる無名校からの指名の場合、「この学校はどういう学校なのか」ということも世間から注目される。つまり、ドラフト指名選手を輩出するということは、それだけ学校にとっても大きなことなのである。

他にも、毎年野球専門誌などでは、夏の大会の情報とともに「ドラフト候補選手」を紹介していくことも定番になっている。先物買いではないが、その情報合戦も過熱化している。「プロ注（プロ注目選手）」という表現で、早い時期から期待の選手が紹介されていく。そういう選手が所属していれば、たとえ甲子園出場校ではなくても、マスコミの取材も多くなっていく。

マスコミ露出が増えると、やはり周囲の注目度も高くなる。こうして、学校そのものがより広く認知されていくという構図になっているのだ。

私立校にとっては、甲子園出場は果たせなくても地域での上位進出は好影響

前にも述べたが、私立校にとって学校の存在を広く知らしめていくことにより、学校の受験者を多くしていくということは、学校経営ということで言えば非常に大きな要素となる。甲子園出場は、そうした私学にとってはとてつもない広告効果となるのだ。

現実に、甲子園出場を果たした翌年には、生徒が多く集まりすぎて2クラス増やしたという話も聞いている。また、受験生が例年の倍近くになったということもある。こういった現象は、学校の地域での位置づけにもよるのであろうが、ことに学校偏差値的には中堅どころと言われているところにとっては、とても大きな要素となる。というのは、

いわゆる「すべり止め」的にも受験生が増えていくことは、学校経営的には非常にありがたいことだとも言えるからだ。

こうした経営的視点から見ても、甲子園出場は私学にとっては大きな意味がある。ただ、もっと言えば甲子園には出場しなくても、夏の地区大会でベスト4や決勝に進出するだけでも、大きな宣伝効果は見られる。というのも、ほとんどの場合、今は地域のテレビで中継しているからだ。だから勝ち残ることで、学校の存在を多くに知らしめるという地域の宣伝効果としては、とてつもない大きな要素となっていく。

私学の経営ということで言えば、地元でいかに受験生を獲得していくのかというところから始まる。従って、受験生獲得という意味でも、高校野球で上位に進出することによって学校の存在を広く知られて、受験生が増加することにつながっていく。だから、高校野球での躍進は、ことに地元ということを考えれば、たとえ甲子園に出場しなくても校名の存在を認知されていくことになっていくのだ。

それだけに、その学校の戦い方、イメージがクリーンであるという要素は、とてつもなく影響が大きいのである。負けたとしても、いかに見ている人たちにいい印象を残しているかということは、学校そのもののイメージにもつながっていく。

出場校の関連グッズに関しても経済効果は大きい

高校野球に関連して動く経済は、野球にまつわるものだけではない。ことに、全国規模で人が集まる阪神甲子園球場で大会が開催されている間は、阪神電鉄が人を運んでくる交通費としての電車賃もさることながら、甲子園の高校野球に関するさまざまなグッズも販売される。

それらのグッズの中で、もっとも人気があるのは出場校の校名が書かれた「校名ペナント」というものだ。これは、地色が赤と緑、紺、エビ茶色と4種類ある。収集家や自分の母校、あるいは応援している学校のものだと、4色すべて揃えるというマニアもいる。一つ500円だから、4種類揃えたら2千円になる。

さらには「校名ボール」、「大会ボール」というのもある。これは一つ900円。あとは、全出場校の校名入りの「大会ベース型ペナント」というものもある。さらには、出場校名の入った「大会タオルハンカチ」と「大会タオル」もある。そしてキーホルダーも、各校のユニフォームデザインを象ったものと、校章の入った革製のものがある。

これらは、阪神甲子園球場オフィシャルグッズとして、シャープ産業という業者が一手に扱っている。ちなみに、記念品として校名ペナントを4色一つずつ全品揃えて、校名ボールと大会ボールに大会ベース型ペナントと大会タオルハンカチを揃えたら、8品で5450円になる。記念品だけでも、かなりの出費ということになるだろう。

他にも、[表6]に示したように、校名入りグッズは多くの商品が陳列されている。阪神甲子園球場としては、契約している高校野球グッズ業者の大会記念グッズだけではなく、甲子園球場としての記念グッズ、観戦用グッズなども販売している。それらも、一般的な価格体系で言えば、他の同類商品よりもいくらか高値になっている。これも甲子園ブランドということで、購入者たちも納得ずくのことであるとも言えようか。

ただ、これはいささか矛盾した話ではあるのだけれども、極力商業主義を排除しているというのが高校野球の表向きである。ところが、現実には高校野球関連のオフィシャル商品だけでも、これだけのものがあるのだ。

表6 阪神甲子園球場 高校野球オリジナルグッズ一覧

[大会別グッズ]	
大会ペナント	500円
校名ペナント	500円
校名ボール	900円
大会ベース型ペナント	1100円
優勝ペナント・ 準優勝ペナント	各1500円
出場校ユニフォーム ピンバッジセット	650円
出場校ユニフォーム キーホルダー	500円
出場校ユニフォーム シャープペン	650円
全出場校校名入り 大会Tシャツ	2750円
大会キャップ	2450円
ボールセット (専用箱入り、ボール・飾りバット・校名入りタオルハンカチ)	1900円
大会タオルハンカチ	550円
大会マフラータオル	900円
大会バスタオル	1950円
大会ボール	900円
大会出場校名入りボール	900円
大会大ボール(Φ17cm)	3750円
大会ロゴキーホルダー	550円
校名入りボールペン	650円
大会ボールペン	700円
大会シャープペン	700円
大会クリアファイル	400円
大会下敷き	400円
大会マウスカバー	1000円

[甲子園観戦グッズ]	
カラーマフラータオル	1550円
甲子園 キャップコインケース	1000円
折りたたみクッション	700円
リュック巾着	850円
トートバッグ	850円
ジャガード フェイスタオル甲子園	1250円
扇子	1250円
甲子園マウスカバー	900円
ペットボトルカバー	400円
甲子園 ベースボールキャップ	2450円
甲子園キャップ	2450円
スポーツタオル甲子園	1650円
甲子園Tシャツ(球場)	3050円
甲子園漢字Tシャツ	2550円

主な、阪神甲子園球場で販売されているグッズだが、それ以外にも記念品としての土産物や球場売店での名物となっている甲子園カレーのレトルトなども販売されている。

それに加えて、マグカップや湯呑み、バスマットといった日用品やお土産、お菓子、記念ぬいぐるみキーホルダーなどといった、少年少女が喜びそうな商品もある。甲子園ノートや甲子園鉛筆セット、甲子園消しゴムといった野球少年が喜びそうな学用品なども含めると、おびただしい数の商品が並んでいる。「甲子園」のロゴさえついていれば、何でも売ってしまえという姿勢すら感じられる。ある意味では、反商業主義を揚げている高校野球の理念と対極にある、と言ってもいいくらいだ。

日本高野連も、主催新聞社も、この商業主義には完全に目をつぶっている。もっとも、主催新聞社としては、大会誌などにその広告掲載などもあるわけだし、共存共栄ということにはなる。まさに、経済主義の原則が成り立っているのだから、今さら目くじらを立てることでもあるまい。

いや、令和の新時代の高校野球としては、今後は他の協賛スポンサーを求めていくことも含めて、新しい高校野球の形が出てきてもいいのではないかと思える。今の時代に、商業主義を完全に排除していくというのも無理な話である。むしろ、そうした活動を積極的に求めていってほしいと思っている。

さらには、こうしたグッズだけではなく、甲子園球場内での飲食費というのも、集客人数が多いだけに膨大なものになっていくであろう。２０２１年のセンバツでは、アルコール類の販売は禁止されていたが、２０１９年夏までは、アルコール類の販売も普通に行われていたわけで、それだけでも膨大な額になっているだろう。

それにしても、考えてみれば高校生のスポーツイベントで、朝7時から売り子がビールタンクを背負って販売しているのだ。およそ、他のスポーツでは考えられないことである。もし、インターハイの会場などでそんなことをしていたら、大顰蹙を買うことになるだろう。だけど、高校野球では当たり前に行われてきた。

つまり、こんな光景をも含めて、高校野球は継承型の文化であるとともに、一大産業として成り立っているとも言える。そして、大きく経済を動かしているイベントでもあるのだ。

甲子園大会の開催に伴う経済指標

センバツを主催する毎日新聞社と日本高野連によると、通常開催だった2019（平成31）年の第91回センバツ大会では、入場料が3億2828万1435円、さらに物品販売等の収入が3944万7949円あって、収入合計としては3億3222万9384円と発表された。

これに対して、支出としては大会運営費の1億1277万5019円が最多となっている。他には大会準備費として、出場選手滞在費等と本部運営費、各団体への助成金や保険などを加えると2億4148万8313円で、合計すると3億5426万3332円という数字が発表されている。

つまり、センバツ大会の場合では、約2千万円の持ち出しということになるが、繰越金などを補てんして対応していたようだ。こうして、ほぼ収入と支出のバランスを整えながら運営していくことになる。

甲子園には多くの観客が来場するので、日本高校野球連盟は潤っているのではないかという見方もある。人によっては、「高校野球連盟こそ、商業主義ではないのか」とか、「入場料収入で儲けている日本高野連」などということを指摘するが、決してそんなことはない。

現実には、何でもそうだが、運営していけばお金はかかるというものだ。ボランティアとはいえ、ただですむものなどないというのが現実である。入場料を徴収するのは、球場使用料なども含めて、それらの運営資金に充てていくということになる。ことに、今回のコロナ禍のように非常事態が発生すれば、予定外の支出が必要となる。それに対する補てんも、必要となってくるだろう。

入場料収入の分配に関しては、原則として日本高校野球連盟と阪神甲子園球場、主催新聞社とで3等分するということになっているようだ。

令和最初の8月6日~22日の間に開催された、第101回全国高校野球選手権大会について見てみよう。主催である朝日新聞社から発表された数字を見てみると、その収支決算は次のとおりとなっている。

総入場者数は84万1千人。このうち有料入場者数は72万5183人。収入は6億5907万426円、支出は4億4415万9967円で、差し引きすると余剰金は2億1491万459円となる。

数字だけを見ると、これはさすがに大きな利益となったのだが、それらの余剰金は次の世代へ向けての貯蓄に回している。これは、第100回大会を機に始まった、日本高校野球連盟が推奨している「高校野球200年構想」事業の資金として、1億円を割り当てることとしているからだ。

さらには、全国高校軟式野球選手権大会に700万円、全日本軟式野球連盟、日本学生野球協会、中学校軟式野球大会にそれぞれ100万円を助成金として割り当てると発表された。他にも、審判員や指導者講習会などといった日本高校野球連盟の事業費3千万円。余剰金2億1491万459円から、「高校野球200年構想」事業の資金1億円と助成金1千万円、事業費3千万円を引いた7491万459円が積立金として配分されるということが報じられた。

ところが、事態は一転してしまった。2020（令和2）年は、新型コロナウイルスの感染拡大によって春夏の大会が開催されないことになり、事業資金計画は大幅に崩れてしまったのである。正直なところ、アマチュアの大会といえども、というかアマチュアの大会だからこそ、経費もかかるというものである。大会使用球などの諸経費も消耗品だけに莫大になる。

結局、2020年は夏の選手権が中止となり、無観客でセンバツ出場校を招待した形で交流試合を各1試合ずつ組んだ。この交流試合では、阪神甲子園球場の使用料は発生しているが、無観客のため入場料収入はなかった。さらには、出場チームの招待費は当然のこととして、1試合ごとの消毒に関わる費用など安全対策に伴う出費はことのほか大きかった。次世代への貯蓄構想どころの話ではない。

この状況は、コロナ禍での開催となった2021（令和3）年に制限付きで開催された第93回選抜高校野球大会でも同じことである。この大会では、上限1万人ということで一般入場者も入れた。入場料は【表7】で示しているように、全体的に6〜7割増しというものだった。

この値上がりの背景には、安全対策としての入場制限、それに伴って全体収入の減少を少しでも補うということの他には、感染防止対策としての消毒費用も含まれている。

しかも、入場者数は1万人までと限られているという状態で、いきなり財政が厳しくなったとも言える。そういう意味では、今回のコロナによる入場料6~7割アップも、やむを得なかったと言えるだろうか。

　ただ、高校野球を支えている大きな協力者でもあるのは、多くの高校野球ファンという存在である。そんな人たちにとっては、やはり痛い値上げだったというのは現実だ。

　ことに甲子園大会になると、春と夏の休みを利用しながら何日か連泊して、連日観戦を楽しむことにしている人がかなりいる。そういう人たちにとって、

表7　第93回選抜高校野球で改定された入場料

[改定料金]

中央指定席	2500円	➡	3900円
一三塁指定席	2000円	➡	3400円
アルプス席	学校関係者のみ	➡	1000人上限
外野席	無料	➡	指定席として700円

感染症対策として、席取りの列ができないよう全席指定席とすることや、当日券を求める列ができないよう前売り販売のみとする。アルプス席は学校関係者のみの販売とし、一般販売はしないという前提。

7割の値上げは確かに痛いとも言える。何を隠そう私自身もそんな一人なので、この春の出費は痛かったというのも正直なところだ。

ただ、それでも足を運びたくなるという魅力が、高校野球にはあるということだ。また、従来は無料だった外野席も、この春は入場料700円とした。もっとも夏の選手権に関しては、第100回大会から500円という料金に設定していた。ネット裏の特別席をすべて指定席にしたというのも、朝から甲子園球場周辺に多くの人が並ぶのを避けるという意味合いもあったという。

それに今後は、夏の大会の熱中症対策もさらに強化していかなくてはなるまい。そうした中でコロナ対策も出てきたわけで、出費ということで言えばどんどん増していく一方である。

この夏も、選手権大会は開催されたものの、無観客開催となったことで入場料収入はほとんど得られなかった。参加校に、各校2千人を目途とした応援の入場者から、協力金という名目で徴収した金額を、ある程度は補てんしていたのだろうが財政的には追いつかなかった。

だから、「高校野球200年構想」事業の資金として予定していた1億円を、持ち出していかなくてはならない状況に追い込まれた。そこで危機感を抱いて、1億円を目標として、クラウドファンディングを実施したものの、予想した以上に現実は厳しかったようだ。

主催新聞社の経営事情がどうなっているのかは知る由もないが、高校野球を運営していく現場そのものは、今回のコロナ禍で、さらに厳しいものとなっていったということだけは確かであろう。

今後、どういう展開になっていくのかはわからない。

ただ、一つ言えることとしては、そんな状況になろうとも、やはり甲子園の高校野球の現場に足を運ぶ人は絶えないであろうということだ。時代が進んでいく中で、球場周辺も数年前から様変わりして、飲食店の様子も変化してきている。私的な思いで言うと、これまでの甲子園駅周辺の雑多感がなくなってしまい、整然とされすぎたかなという寂しさも感じる。

とはいうものの、それでも甲子園球場周辺の佇まいや空気感は大事なものと感じられる。私だけではなく、それらの景色や雰囲気も含めて、そこに高校野球の文化があると感じている人は多いのではないだろうか。

そんな人たちは、まぎれもなく自分の小遣いや経費を工面して、何とか甲子園の空気を味わおうと足を運んでいるのである。そして、こうした高校野球ファンと言われる人たちが、間違いなく高校野球を支えてきたとも言えるのだ。

第4章

経済事情だけではない、高校野球の社会事情

野球の普及と盛り上がりは、明治時代の学生と世論から

今さら言うまでもないことではあるが、高校野球の全国大会は阪神甲子園球場で開催される。この春のセンバツ大会、夏の全国選手権大会は、いずれも日本を代表する大手新聞社（それぞれ毎日新聞社、朝日新聞社）が主催者となって開催されている。このことは、過去の野球とメディアの関係の歴史とも大きく関わっている。

それには、そもそも全国高等学校野球選手権大会はいつ、どのように始まったのか？ということをもう一度おさらいしておく必要性がある。

高校野球は何だかんだ言われつつも、やはり人気スポーツであり注目度は高い。コロナ禍で、ほとんどの高校スポーツ大会が中止、という厳しい選択をせざるを得なかった2020（令和2）年春。そんな中で、決定の発表を最後まで遅らせた高校野球に対し

て、ＳＮＳやネット住民などからは多くの批判も上がった。

「インターハイはじめ、他の高校スポーツがすべて中止となっているのに、どうして高校野球だけが、まだ決定しないのか。そんなに金儲けがしたいのか」

事情も知らず、そんな勝手な意見をネットに垂れ流す輩もいた。そういう連中のためにも、高校野球の発足から発展の歴史やその経緯は、もっと広く知らしめていく必要があるのだということを再認識している。

近年は、野球人気がどうのこうと言われつつもあるが、それでもやはり、日本では人気スポーツの筆頭格とも言えるのが野球である。それを、高校生が行う独立した大会として、存在しているのが高校野球だ。

それでは、どうしてたかだか高校生の野球大会が、新聞やテレビ等のメディアでことのほか大きく扱われるのだろうか、ということを考えてみたい。その理由は、歴史を見ていくことで理解できる。全国高校野球大会の前身の大会が、どういう形で始まったのか。そうした大会の始まりの背景を知れば、理解できるのではないだろうか。

日本での野球の始まりは、１８７２（明治５）年にアメリカ人教師のホーレス・ウィルソンが、第一大学区第一番中学で教えたことからだとされている。この年は、折しも日本で学制が公布された年でもある。

やがて、教育令が発令されて学校制度が定着していく中で、当時のエリート育成機関とも言える、官立のナンバースクールとも呼ばれていた第一高等学校や第三高等学校などの旧制高等学校の学生たちの間で、野球は人気が出てきた。やがて、彼らを発信源とした形で、日本中に野球が浸透していくこととなる。

この背景には、日本の将来を担っていくであろうと思われる優秀な若者たちが、野球に夢中になっていったということも大きい。そのことで、野球の存在意義が大いに高まっていったとも言える。

ことに、学校同士の対抗戦という形で、ますます野球は盛り上がっていった。お互いに学校の名誉を賭けて、選手たちはそれを背負って戦っていた。当時、自治と自由を掲げていた官立学校の学生たちは、ことのほか学校の名誉を重んじていたのである。そのことで、自分たちの責任感と帰属を背負っていくという意識を育んでいたとも言える。こうして野球に親しんでいくことで、選りすぐられた存在であるという認識も育てられていたといっても過言ではあるまい。

また、私立学校の間でも、同じような意識で日本を代表する私立大学の雄といってもいい早稲田と慶應義塾を中心にして、野球が瞬く間に広がっていった。こうして、野球が社会現象となっていったのである。両校の対抗戦は応援団も含め、決死の思いで試合に挑むというものになっていった。そのことが、さらに自分たちの帰属意識を高めていくことにもなった。自分たちが、学校の名誉とプライドを背負って戦っていくことに、誇りと責任を感じながら選手たちは戦ったのである。

ところが、こうした過熱になった野球ブームに対して、教育者として名高い新渡戸稲造一高校長（当時）が、社会現象に対して危機感を抱いてしまったのだ。そこで、警鐘を鳴らす意味もあって朝日新聞紙上で「野球害毒論」を発表した。

「常にペテンに掛けよう、計略に陥れよう、塁を盗もうなどと眼を四方八面に配り神経を鋭くしてやる遊び」

こうした表現で、記事として野球の否を論じた。

乃木希典学習院院長も、それに追随した論を展開した。

「対外試合のごときは勝負に熱中したり、余り長い時間を費やすなど弊害を伴う」

こうした、いわゆるネガティブキャンペーンで、野球が迫害されていったのだ。ところが、それにも増して野球人気は衰えるどころか、さらに過熱していくという状況になった。そして、世論はそんな朝日新聞を主とした反野球報道に大反発した。むしろ、それが刺激になっていったとも言えようか。

「どうして野球が有害なんだ。こんな素晴らしい心身が鍛えられる競技はない」

「野球は、武士道精神にも則った競技であって、有害な遊戯ではない」

というような世論が優っていた。

当時、ライバル紙とも言える東京日日新聞（毎日新聞の前身）をはじめとした各紙もそんな世論に乗った。そして、野球害毒論に対して反対意見を論じていた。

さしずめ今の時代で言えば、ネット上での大炎上といった状況だと言っていいだろう。

こうした現象を、後押ししていく知識人も現れるようになった。

日本社会主義運動の先駆者でもあり、早稲田大の初代野球部長も務めた安部磯雄や、後にプロ野球創始者となる押川清の兄で画家の押川春浪といったところだ。他にも、その後に野球界に貢献する教育者たちも後押しした。多くの教育関係者や学校関係者も野球支持派側に回った。

そうした世論の動きと時代の流れの中で、朝日新聞（大阪朝日新聞）は形勢不利と判断した。そこで一転して、野球推進派となった。その証明という意味も含めて、「全国の中等学校の有力校を一カ所に集め、全国大会を開催しよう」ということになったのだ。それを提案したのが、当時の第三高等学校の学生たちだったという説もある。

これが、今日の高校野球の原点となる、全国中等学校優勝野球大会が開催されるようになった主な背景である。

メディアと高校野球の切っても切れない縁

中等学校野球（現在の高校野球の前身）の全国大会を開催するということが決まり、主催の大阪朝日新聞社も大奮発することになった。これまで、野球害毒論を先導してきたことに対してのお詫びという思いが、あったのかどうかはわからない。しかし、いずれにしても、当時としては画期的な大優勝旗を授与することになった。

「全国大会の覇者に贈られるわけだから、日本一の旗を贈ろうではないか」

ということになったのだ。

京都の有名な伝統工芸である西陣織の職人に依頼して、天皇旗と同じ織り方での作成を依頼した。当時の制作費は約１５００円（現在の貨幣価値に直すと、約１８００万円前後と言われている）という高価なものとなった。

優勝旗に関しては、天皇旗と同等ということだけでも、その旗を争う価値は、いやがうえにも高まっていくというものである。ちなみに、第１００回大会を迎えるにあたって、第40回大会に再作成された旗に代わって三代目が贈られた。現在の深紅の大優勝旗は、三代目ということになる。

このように、新聞紙上で野球が是か非かと問われるなど、野球の普及には最初から新聞社が大きな関わりを持っていたのである。もちろん、まだテレビなどはない時代、新聞はメディアの王道であった。

朝日新聞社が主催することによって、大会の結果も新聞で報道されて、さらに多くの人が野球の存在を知ることになっていく。そして多くの人は、新聞を通じて学生野球や中等野球に興味を抱いていくこととなった。

中等野球が盛り上がれば盛り上がるほど、新聞報道も大きくなる。新聞報道が大きくなれば、人々の関心も強くなっていく。この相乗効果によって、新聞が中等野球を育て、中等野球が新聞をより広めていくという形になった。中等野球は、確実に新聞の販売拡張にも影響を与えていたのである。

こうなると、結果として朝日新聞社に先行された形となった毎日新聞社も負けてはいなかった。そもそも毎日新聞社としては、かねてから野球を支持していた側の存在だったのである。それだけに、朝日新聞社に野球害毒論から一転して中等野球の全国大会を主催されてしまったことには、納得のいかない思いがあったはずだ。そこで、毎日新聞としても手を打たなくてはならなくなった。

こうして10年遅れで、年度替わりの3月から4月に中等野球の招待試合大会という形で、「中等学校選抜野球大会」を開催することにしたのだ。これが、今の「春のセンバツ」の始まりである（第1回大会は名古屋市八事の山本球場、第2回大会から甲子園にて開催）。

このように、この時代からすでにメディアと野球との関わりは、他のスポーツよりはるかに強かったのである。新聞紙上で伝えられる野球に対して興味を抱き、実際に自分の目で見たいと思う人々も増えてきた。そして、人が溢れ返るようになり、やがて当初の豊中球場や鳴尾球場では、観客を収容し切れなくなっていったのである。

そこで、庶民の足にもなっていた阪神電鉄に依頼して、阪神沿線に阪神甲子園大運動場を建設することとなった。1924（大正13）年が甲（きのえ）の子（ね）の年ということで「甲子園」と命名されたということは、よく知られているエピソードでもある。

余談だが、当初は野球場と銘打ってはいなかったので、冬場にはスキージャンプ大会なども開催されたという記録も残っている。大学アメリカンフットボールの王座決定戦である東西決戦が、「甲子園ボウル」と称して毎年12月に甲子園球場で開催されているのも、そんな背景があったからかもしれない。

閑話休題。やがてラジオが普及してくると、中等野球はラジオで実況中継放送されることになった。これで、ますます中等野球が広く人々に関心を高めていく要因となったのは間違いない。

ラジオでの中継放送が始まったのは、大会が始まって13年目の1927（昭和2）年のことである。ラジオが人々に普及してくると、中等野球の実況中継はラジオでも人気コンテンツになった。こうして、ラジオ中継と新聞報道で、野球はますます隆盛を極めていくことになったのだ。

結果的に、今でもＮＨＫが主導的に、テレビとラジオの放送をしているのは、こうした先駆けとしての歴史があるからということになる。

ラジオ、そしてテレビの普及で、メディアとのつながりがますます強くなっていく

ラジオが、リアルタイムで現在行われている野球の試合を伝えることによって、遠くにいる人たちも野球に興味を抱くようになった。しかも、中等学校の生徒たちが無心で白球を追う姿を、当時は語感のいい七五調の表現も交えて伝えていた。それを耳にした人たちは、ますます甲子園で展開されている野球に対しての思いが強くなっていった。

しかも、出場している学校は故郷の代表として出場しているのだ。つまり、故郷を背負って檜舞台に登場している。これは、中等野球の普及と人気にとっては、ますますかけがえのないものになっていった。

中等野球が盛り上がれば盛り上がるほど、新聞報道も大きくなる。新聞報道が大きくなれば、人々の関心も強くなっていく。この連鎖的な相乗効果によって新聞が中等野球を育て、中等野球が新聞をより広めていったという形になったのは、先ほども説明したとおりだ。こうして、いつしか朝日新聞は、今度は打って変わって野球文化を発展させていく先頭を切る存在になっていったのである。

ここまでの歴史的な背景を見てもわかるように、スタート時点からすでにメディアと野球との関わりは、他のスポーツよりはるかに強かったのである。

戦争を迎える時代となって、中等野球も5年間の中断を余儀なくされるということもあった。もっとも、この間にも文部省と大日本學徒體育振興會主催で「昭和十七年度全国中等学校体育総力大会野球部（全国中等学校錬成野球大会）」という大会が開催されている。ただし、新聞社が絡んでいなかったこの大会は、後に「幻の甲子園大会」と言われるようになった。

戦後になると、中等野球はいち早く復活している。復活最初の大会は、アメリカ占領軍に接収されていた甲子園球場は使用することができなかった。代わって、近隣の西宮球場で復活大会となる第28回大会が開催された。

中等野球の復活は、戦後復興の励みにもなった。これを新聞も報じていくことで、新聞と中等野球のさらに密接な関係が作られていった。

やがて、1947（昭和22）年3月に公布された教育基本法に基づいて、新学制となっていく。こうして、中等学校野球は現在の高等学校野球に形を変えていくことになる。高校野球という呼称も、メディアを通じて瞬く間に定着するようになっていった。

折しも、その年が第30回目となり、記念大会ということで、現在も歌い継がれている大会歌「栄冠は君に輝く」（加賀大介作詞／古関裕而作曲）が策定された。この曲がラジオでも流されることで、高校野球の象徴にもなっていった。

ちなみに、この大会歌の歌詞は公募となっていた。それを告知したのは、もちろん朝日新聞紙上だった。告知から締め切りまでの期間が短かったにも関わらず、全国から5252通もの応募があった。そのことでも、高校野球に対する関心の高さが窺われる。その中から選ばれた作品なのである。しかも、その賞金は当時の金額で500円（現在の貨幣価値で1千万円くらい）という破格のものだった。

やがて、テレビの普及とともに、高校野球とメディアとのつながりはますます強くなっていった。全国ネットのNHKが放映することで、高校野球の注目度はさらに一気に上がっていくことになるのだ。

新聞社と野球との強い関係性を、歴史的に再確認

前述のように、高校野球の前身の中等学校野球は、新聞社が主導的立場となって進められていった。そして、それに追随してラジオとテレビというメディアが、その人気と注目度に拍車をかけたといってもいい。このように、野球の普及の背景には、常にメディアの存在が欠かせなかったということがわかる。

それでは、ここで野球と特に強いつながりを示してきた新聞社との関係性の、その後の流れも説明していこう。

前述のとおり、当時の中等学校野球が新聞社の強い働きかけで始まり、朝日新聞社、毎日新聞社という大手新聞社がそれぞれ主催者として、夏春の全国大会を開催すること

になった。そして、新聞社の報道の力もあって、中等学校野球は以降も年々人気が高まっていき、昭和初期ですでに過熱状態になっていた。

中等野球の主催では朝日新聞に後塵を拝した毎日新聞社は、学生野球を終えた選手たちの次の受け入れどころとして社会人野球の活性化を目論んだ。

中等学校世代の若者が、やがて大学へ進学していくことで、さらに野球を熱心に学んで実践していくようになる。そのことで、ますます野球は普及していくことになる。学生時代に野球に情熱を注いだ彼らも、やがては卒業していく。ただ、学校としては次の情熱のある世代が入学してくるのだから、野球は継続して続けられる。

ところが、卒業した選手たちは、さらに上の舞台で野球を継続していきたいという欲求も、当然のことながら芽生えてくる。そんな思いで、大学を卒業した野球人たちが集って各地にクラブチームを結成した。また、当時日本国中に張り巡らされようとしていた国有鉄道の各地の鉄道局などが、それぞれに野球チームを作っていた。それは、多くの大学野球経験者が、それらの企業に就職していたからでもある。

そんな背景もあり、鉄道省の主催で鉄道局対抗大会も開催されるようになった。現JR九州の前身となる門司鉄道管理局をはじめ札幌、仙台、東京、名古屋、神戸等の各鉄道局がそれぞれにチームを持っていて参加していた。

チームができれば、当然のことながら試合がしたくなるものだ。ただ、それぞれの対抗戦などは開催されていたものの、この時代には社会人チームの全国規模での大会はまだ開催されていなかった。

そこで尽力したのが、第1回早慶戦の際に早稲田で活躍していた橋戸信と慶應義塾の投手だった小野三千麿だった。ともに、毎日新聞東京本社の前身となる当時の東京日日新聞に所属していた。そこで、機会あるごとに「何とか、社会人の野球大会ができないものか」というようなことを話していた。

そんな折に、当時の社会部の島崎新太郎部長が、「それならば都市対抗という形で開催してみてはどうか」ということを提案した。

このヒントは、本場アメリカが都市を背景としたフランチャイズで、メジャーリーグを開催していたことによる。こうして、いわば野球オヤジの野球談議から、本格的な大会の開催へという運びになったのである。これが、都市対抗の始まりへのかいつまんだ経緯である。こうして、「都市対抗野球設立準備委員会」なるものが設けられた。

当時、中等学校は大阪朝日新聞が夏の選手権大会を主催し、大阪毎日新聞が春の選抜大会を開催していたが、いずれも関西が舞台だった。そこで東京を舞台として、東京日日新聞の主催という形で、「全日本都市対抗野球優勝大会」を開催しようということになった。１９２７（昭和２）年のことである。優勝チームには、百獣の王の獅子が勇壮の象徴である「黒色」で刺繍された旗が贈られることになった。それが「黒獅子旗」で、現在にも継承されている、都市対抗の象徴でもある。

こうして始まった都市対抗野球は昭和前期、現在のプロ野球の前身でもある職業野球よりも人気があった。当時、本大会の開催されていた神宮球場は、連日超満員になったという。また、主催新聞社としては、その結果を報じることで、購買部数が増えていった。それだけではなく、出場チームから企業広告をもらうことで、経済効果も上げていった。社会人野球と毎日新聞社とのこの相互関係は、昭和から平成を経て、令和時代の現在にも継続されている。

毎日新聞社にとっては、企業チームの広告出稿も大事な財源の一つということでもあろうか。毎日新聞社は、この都市対抗だけではなく、日本選手権やＪＡＢＡ（日本野球協会）主催の大会など、すべての社会人野球に関しての主催もしくは後援社ということになっている。そういう意味では、社会人野球と毎日新聞社は切っても切れない縁となっている。

野球においては、この2社に出遅れた形となった読売新聞社だったが、負けてはいなかった。大学を出た選手たちのもう一つの受け入れ口として、野球を仕事とする職業野球を計画した。

日本の野球は、ここまでこの第4章で述べてきたように、学生スポーツとして発展してきたという歴史がある。ただ、そのことが、職業としてのプロスポーツの発展を遅らせたというところがあったかもしれない。

歴史的には、1920（大正9）年の末に、東京・芝浦に日本運動協会が設立されていて、22年秋には日本最初のプロチームが結成されて試合をしたという記録がある。当時、日本の野球を代表する学生野球は発展の限度に達していた。アマチュアの域を超える傾向も多分に見られるようになっていた。

そんな折、1931（昭和6）年に、アメリカから一流大リーガーを招いて、東京六大学のチームと対戦したが、やがて文部省が野球統制令を出して、プロとの試合を禁じた。そのため、1934（昭和9）年秋に来日したベーブ・ルースやルー・ゲーリッグ、ジミー・フォックスらの大リーガーチームと全アメリカ軍と対戦するために、社会人から全日本軍が編成された。この全日本のチームを母体として、12月に大日本東京野球倶楽部を発足した。これが、後の読売ジャイアンツとなる。大日本東京野球倶楽部は、その前身と言える存在だったのである。

読売新聞としては、こうして野球を職業としていく組織を確立したのだけれども、1チームだけでは試合にならない。そこで、チームは渡米して戦うこととし、その間に読売新聞社の正力松太郎は、職業野球団設立に共鳴するオーナーを求めて活動する。

その結果として、阪神電鉄を母体とした大阪タイガース、東京セネタース、阪急、金鯱、大東京、名古屋の7チームが誕生した。やがて、読売新聞が音頭を取って、日本職業野球連盟が結成されることになる。こうして、アマチュア野球で出遅れた読売新聞社だったが、職業野球に活路を見出す形となった。

太平洋戦争での中断後、中等野球など学生野球も復活していくが、職業野球もプロ野球として復活する。そして、やがて2リーグになって、高度成長とともに今日の隆盛へ向かって走っていくことになるのだ。

新聞社と球団の関係としては、名古屋が新愛知新聞からやがて中日新聞となり、現在の中日ドラゴンズが誕生。毎日新聞社も一時的にチームを持ったこともあったが、やがて映画会社の大映と組んで大毎となるがその後は離脱。また、現在のヤクルトも、一時期は産経新聞が親会社となり、サンケイアトムズという時代もあった。その縁もあってか、今でもサンケイスポーツはヤクルトスワローズの記事が多くなっている。

このように、野球界と新聞というのは深い縁がある。資本関係はないが、福岡では西日本スポーツが福岡ソフトバンクホークスをメインとし、広島では中国新聞が広島カープをメインとし、関西では神戸新聞系列のデイリースポーツが、阪神タイガース新聞的な役割を担っている。もちろん、東海地区では中日スポーツが中日ドラゴンズをメインとし、読売新聞資本下のスポーツ報知は、当然読売ジャイアンツをメインとしている。また、北海道では道新スポーツが北海道日本ハムファイターズの記事をメインとし、河北新報では東北楽天イーグルスを中心に盛り上げている。神奈川新聞と横浜ＤｅＮＡベイスターズ、千葉日報と千葉ロッテマリーンズというのも地方紙と地元球団ということで切り離せない縁がある。

そして、都道府県に存在する地方紙は、一様に高校野球の記事も充実している。夏の選手権大会だけではなく、春秋の県大会も詳細まで記事を掲載しているというケースがほとんどだ。

こうして野球と新聞は、地場での産業的な結びつきも含めた形で深い縁となっているのだ。さらには、新聞社と民放テレビ局との関係性も踏まえた上で、メディアの関係性を見つめていくと、高校野球も含めて野球とのつながりの深さは、歴史的なものがあると言えるのである。

他の競技に比べて、野球報道が特化しているように見受けられるのは、こうした歴史的背景があることも否定はできまい。

大規模な全国大会を新聞社が主催することで発展してきた高校野球を語るにおいて、こうしたメディアと野球との深い関係は、やはり認識しておく必要はあるだろう。そういう意味でも、敢えてここで野球界と新聞社（メディア）とのつながりの歴史に関して述べさせていただいた。

メディアと高校野球が共存共栄していく構図

地域によっては、高校野球招待試合という形で、試合が開催されているところもある。これは地元メディアなどが主催して、全国的な強豪校を招待して県内の有力校（主に、前年秋の上位校や春季大会の上位校）と、背番号をつけた試合を開催することを公式行事としているものである。春季県大会から九州地区大会の日程が早い九州地区などでは、6月に招待試合が多く開催されている。

これは、対戦する県内校にとっても、非常にありがたいことである。全国レベルの相手で、普段試合することはほとんどないと思われるような学校と対戦できることで、選手の意識は高まっていく。また、そうした強豪と対戦することで、自分たちのレベルを認識するところもあるだろう。加えて、相手校の高度なプレーと接することによって、技術的な部分でも新たな発見や学習材料が出てくるであろう。そういう意味でも、極めて収穫は多い。

愛知県のように、県高野連で主催するというケースもある。これらも地元の新聞社と系列のテレビ局などが、主催者もしくは後援社や協賛社となることで成り立っているケースも多い。地方新聞としては、この試合を記事として掲載したり、配信したりすることでの需要も考えられる。系列の地元局のニュースで流すことはもちろん、宮崎県のように試合を中継することもある。

それくらい地方在住の人たちにとって、高校野球の試合というのは楽しみなイベントの一つなのである。まして、全国的に知られているチームが来て地元の強豪校と試合をするということであれば、ワクワクする気分になる人も少なくないであろう。

つまり、それだけ高校野球の需要は多いということである。これらもまた、メディアが高校野球を先導していくことでもあり、昔からのメディアと高校野球のつながりによって実現していることだと言っていいであろう。

地元新聞社と高校野球の関わりという点で言えば、愛知県では春夏秋の県大会とは別に、独自に全三河大会、全尾張大会という公式大会を開催している。しかも、これは県高野連も公認の大会で、優勝旗も授与される。優勝旗は、地元有力紙の中日新聞社が提供している。だから、正式には「中日旗争奪」という冠がつく。

その開催に至った歴史的背景としては、名古屋市内の私立校勢が圧倒的に強かった愛知県において、「名古屋市内勢に負けるな」という意識の強い三河地区の公立校の指導者たちが動いたことから始まった。三河地区として、独自の大会を開催して戦うことで、切磋琢磨していこうということになったのだ。

戦後、中等学校野球が学制改革で高校野球となった当時に、時習館の渥美政雄監督と岡崎の筒山吉郎監督という東西の三河を代表する伝統校の指導者が、お互いの思いをぶつけ合った。そして、地元紙というよりも東海ブロック紙という位置づけの新聞社で、プロ野球球団も所有している中日新聞社に働きかけていった。「優勝旗を提供してもらえる規模の大会を開催することができないものか」と問いかけたのだ。それに、当時の中日新聞社三河支局が応えた形で、全三河大会の開催に至ったのである。

これに刺激を受けて、知多地区と尾張地区の指導者たちも「三河勢に遅れてはならじ」とばかり、同じように大会開催を要望。やや遅れて、全尾張大会が開催されるに至った。さらに、全尾張大会からは発展的派生という形で、名古屋市に隣接する春日井市、瀬戸市、豊明市、日進市、尾張旭市、長久手市と東郷町の6市1町の学校だけで尾東大会という形で独立していった。

大会は春と秋にそれぞれ県大会の後に開催され、大会数は春と秋を通算してカウントされているので、全三河と全尾張は今や130〜140回を超える大会回数となっている。これも、高校野球が地元の新聞社と密接な関係を持っていたことから発生していった現象だとも言えよう。

また、今の時代ではWeb媒体も情報発信ということで言えば、欠かせない存在となってきている。ことに、ネットメディア報道の創成期から活動していて、今では高校野球ネットメディアとして最たる存在になっている「高校野球ドットコム」なども、高校野球の普及発展に大きく貢献していると言えよう。私も、そこに参加させていただくようになって20年近くになる。

特にこのサイトの場合、大きな特色としては、大会の規模や一般的な注目度などとは関係なく、たとえ練習試合やローカルな準公式戦であったとしても、試合記事の扱いはさほど変わらないということである。それは「どんな試合でも、高校野球の試合の一つ。その一つひとつは、そこに出場している選手にとってはかけがえのないもの」という同メディアを運営している株式会社Ｗｏｏｄ Ｓｔｏｃｋの荒井健司社長の基本的な考え方があるからだ。

荒井社長自身も、東京都のど真ん中の東京タワーの真下にある芝高校で、野球をやってきた元高校球児である。ほとんど学校のグラウンドがないところで白球を追ってきただけに、一つの試合の価値や意義を十分に理解している。そんな思いがあるから、たとえ練習試合でも大事にしていこうという姿勢になったのだろう。伝えられるのであれば、どんな試合であっても、それをより広く伝えていきたいという思いが強いのである。

こうしたメディアの影響は、さらに高校野球の裾野を広げている。ことに、二極分化が進んでいるという傾向の強い現在の高校野球である。

「現実には、甲子園出場には遠いかもしれないけれども、野球に一生懸命に取り組んでいく姿勢は変わらないはず」

そうした思いで、その一つひとつを取り上げていることは、現場の指導者や関係者なども含めて評価は高い。

高体連に加盟しない高野連は、なぜ発足したのか

高校野球が部活動として特別な位置づけにある理由の一つとして、高校の野球部は全国高校体育連盟に加盟していないということも挙げられる。このことは、高校野球が独立した興行イベントとして現在のような隆盛を迎えたという背景とも、非常に大きな関わり合いがある。前述してきたように、主催新聞社との強い関係性の歴史的な背景があるからである。

つまり、インターハイ（全国高校総合体育大会）などで行われている他の競技とは、メディアの扱いなどもまったく違っているのだ。

しかし、昭和期前半の歴史で言えば、その過熱していく中等野球人気を尻目に、日本国は軍国化が進行していた。やがて太平洋戦争に突入して、世の中が中等野球どころで

はなくなってしまった。さらには、野球は〝敵性競技〟という扱いを受けて、冷遇されていったという背景もあった。

それでも、やがて終戦を迎えると、野球はいち早く復活する。高校野球の前身の中等野球の復活が、多くの人々に勇気と自信を与えたということは前述した。

当時、中等野球を終えた選手たちが、その後大学野球に親しむようになり、やがて学徒動員などで駆り出されていったのだが、そんな彼らが復員してきた。そして、辛い軍隊生活でも心の支えとなっていた野球を、すぐにでも取り戻したいという思いに駆られていったのは自然な動きであろう。

こうして、日本学生野球連盟が発足した。終戦の翌年、１９４６（昭和21）年12月のことである。当時は、学生野球基準要項（現在の日本学生野球憲章）を制定していた。やがて、現在の全日本大学野球連盟と日本高等学校野球連盟を統轄する組織という形に変わっていく。目的としては、学生野球の振興と指導、さらには調査研究ということになっていた。

ちなみに、全国高等学校体育連盟（高体連）は、その2年後の１９４８（昭和23）年6月に設立されている。これは、前年の47年3月に教育基本法が公布され、６・３・

3・4制という現在も継続されている学制が、4月より実施されたことに伴ったものでもあった。これで、小学校と中学校が発足して義務教育となり、高等学校がその上の存在となった。それまでの中等学校世代が、実質的には高等学校世代となっていった。

こうして今の高校が誕生して、高体連が発足したのだが、高野連はそれより一足先に設立されていたという背景が大きい。だから立場的な関係で、高体連が高野連を傘下にして包括していくことは、なかなかハードルが高かったのではないだろうか。それに、日本高校野球連盟は日本学生野球連盟の設立の経緯も含めて、前項でも述べたように、設立当初から新聞社が深く関わっていたということもあった。

こうした野球の特殊性が今日まで継承され、高体連に加盟していない高校の運動部活動として、野球部は存在し続けている。だからこそ、高野連はいわゆる醜聞に属するものに関しては、よりデリケートになっていくのである。ことに、佐伯達男理事長時代には、高校野球人気も全盛期となり、加熱する報道や学校の強化活動としての選手スカウトなどにも歯止めをかけていこうとしていた。小さな不祥事でも、出場停止という厳しい処分が下されることもあった。

場合によっては、野球部員の不祥事ではない、同じ学校の生徒の不祥事というだけで、せっかく勝ち取った甲子園の出場を奪われてしまうという悲劇も発生した。そのことに対して、世論の同情が集まることもあった。今の時代だったら、ネットなどで集中砲火となりそうな事案もいくつかあったであろう。

しかし連盟側には、注目度の高い高校野球だからこそ、高校生の大会として学校の名誉を担っているのだという認識もあった。だから、厳しすぎるくらいの処分を科していたとも言えようか。

こうして、文部省（現文部科学省）管轄の高体連とは異なるだけに、より一層「教育的見地」を重んじて、外にアピールしていくことにもなっている。これは、ある意味では意図的に、教育的要素という部分を重んじたのではないかとも思われる。

また、高校野球の影響力が強いということで言えば、１９６４（昭和39）年の東京オリンピック以降、高校生など若い人たちのスポーツの裾野もぐんと広がった。そして高校生世代に、全国規模の大会を高校総体（インターハイ）以外にも与えていこうという動きが、他のスポーツ協会などからも高まっていった。

そんな機運を受けて、高校野球に準じて春休みを利用して開催される高校生の全国大会の多くは、〝選抜〟と銘打たれるケースが多い。今では「ウインターカップ」や「春の高校バレー」の呼称で親しまれ、暮れや新春に開催されているバスケットボールやバレーボールの大会も、当初は「全国高校選抜優勝大会」という呼称で3月に開催されていた。ことにバレーボールでは、日本代表の監督を務めてミュンヘン五輪では金メダルに導いた松平康隆協会専務理事が、「甲子園の高校野球に負けない大会としていきたい」という意識でメディアにも働きかけ、フジサンケイグループがメインメディアとなった。また、年末年始に東大阪市の花園ラグビー場を、甲子園並みの聖地として行われている高校ラグビーも、春に埼玉県熊谷市を第二の聖地として、「全国選抜高校ラグビー大会」を開催している。しかも、代表校の選出方法も、地区新人大会の上位校に加えて、希望枠としてセンバツ高校野球の21世紀枠のような選出枠も設けられている。

このように、高校野球を一つの見本として、他の競技でも積極的なメディア融合や大会開催を進めているのだ。そういう意味でも、高校野球の影響力はやはり強いということが言えるのではないだろうか。

保護者会も、高校野球を側面から支える大切な組織

この第4章では、高校野球とメディアとの関係などについて、歴史的背景も含めて紹介してきた。そして、それらを踏まえた上で、現在の高校野球に関わる側面的な存在として、保護者会にも触れないわけにはいかないであろう。

第1章でも述べたとおり、今や有力校と言われる高校野球部の選手の大半は、中学時代には学校の野球部には所属していない。むしろ、地域の硬式野球チームに所属して、プレーを学んでいるというケースがほとんどだ。いわゆる少年野球チームなのだが、全国的にはリトル・シニアリーグと呼ばれている全日本リトルシニア野球協会や、通称ボーイズと呼ばれている日本少年野球連盟が大きな組織だが、他にもポニーリーグ、ヤングリーグ、フレッシュリーグ、サン・リーグなどといった組織団体が存在している。こ

れらは、小学生の時代から継承されてきている。

そして、それら少年野球組織では、いずれにしても土日の練習や試合には、親の協力なしではなかなか運営していけないという仕組みになっている。その組織の役割自体に、大人としての仕事が割り振られているからでもある。それは、経済的な部分も含めてのものとなっている。

これらに加えて、道具の負担もある。子どもたちが熱心に野球に取り組む姿勢を示していけばいくほど、親としても「よりいいものを与えてやりたい」と思うようになっていく。そうすると、父親の晩酌を控えても、子どもにいいスパイクを買ってあげたい、いいグラブを使わせてあげたいという思いになることもあるだろう。母親としても欲しい服の一つも我慢して、子どものために遠征費を貯金しておいてあげようとか、腹の足しになるようにお弁当のおかずを張り込んでおこうとか協力を惜しまない。こうした表面的には目に見えない部分でも、経済的支出増になっていくのである。

さらには、子どもの遠征試合があれば、親たちもついていかなくてはならない。試合の同行は義務化されていなくとも、ほとんどの親が応援に来ている。当然のことながら、親としても、「ウチの子だけ、寂しい思いをさせておくわけにはいかない」という親心も出てくるというものだ。だから、頑張って自分たちの遠征費も捻出しておかなくてはならないということになる。

このように親の支援の連鎖も、子どもの夢を追うのとともに、親の経済的負担になっていくのである。ただ、それが親にとっても楽しみとなり、夢を追うことにもなっているという側面はあるだろう。親としては、保護者会活動を通じて「2度目の青春時代」を謳歌している人たちも少なくはない。

こうした背景があって、今は高校の部活動でも、ことに運動部の場合は野球部に限らず保護者会が設置されているところが多い。本来の保護者会のあり方としては、「お金は出すが口は出さない」というのが、指導者としては一番ありがたい形ではある。しかし、必ずしもそうはいかないというのも現実のようだ。

もっとも、同じポロシャツやトレーナーや帽子を着用して、同じ高校の野球部の選手の親という共通項はあるものの、親同士は所詮それぞれ思惑のある他人同士である。保護者会という形で組織化していけば、それをしっかりまとめていかなくてはならない。そうなると、保護者会の会長という立場は、それなりのリーダーシップも必要とされてくる。当然のことながら相性がいいとか、あの人とは反りが合わないというようなことも発生してくるだろう。数が増えれば増えるほど、人間関係もいろいろと絡み合ってくることになる。

部員が100人いる部であれば、おおよそ200人からなる保護者会が形成されることになる。考えてみれば、その組織はある程度の中小企業の運営と変わらないくらいの規模になってくるのだ。

となれば、保護者会の会長に選出される人は、それなりの人物である必要も出てくる。自分の子どもだけという私利私欲に走っていたのでは、組織としてまとまりを欠いていくことは目に見えている。

「保護者会がまとまっているなと感じるときは、チームとしても不思議といいまとまりのチームになっていくものです」

これは、甲子園に出場実績もある有力校の監督の偽らざる言葉でもある。

そこには、会社組織の協賛企業ではないが、いかに協力体制を心地よく築いていけるかという手腕も必要になってくるのだ。そのためにも、多くの野球部では監督とは別に、部長職（責任教師）として対外的な対応をしていく役職も置いている。私学の場合だと、学校によっては渉外担当や広報担当という形で、生徒の勧誘や獲得なども含めて専門的な役割を担っている者もいるくらいだ。

指導者にとっては、家族の理解も大事な要素

高校野球の指導者の大半は学校の教員である。今、教員のなり手がかつてに比べて減少気味だと言われている。その一つに、部活動の顧問など授業以外の負担が、どんどんと増えてきていることもあるという。また、仕事の現場も教員一人ひとりの負担が大きくなってきていて、今の時代の働き方改革などに反した職場環境だとも言われているくらいだ。

それでも、高校野球の現場では熱い思いの教員が多い。

「高校野球の指導がしたくて、高校野球の監督になりたくて、教員を志望した」

こういう思いの人は、高校野球の現場では非常に多い。あるいは、「高校野球の指導

をするために、何年もかかって教員になった」という人も少なくない。

そういう人たちは授業はもちろんだが、優先的に部活動指導のことを考えている。だから、土日も休みなく現場へ足を運んでいく。

高校野球部の活動は、ほぼ年間を通じて土日は休みがない。3月のシーズンインからは、ほとんどの学校で毎週末は練習試合か大会という日程になっている。場合によっては、宿泊を伴う遠征というケースもある。まして、甲子園の全国大会はもちろんのこと、地区大会などの大きな大会に出場ということになれば、何日も連泊というケースも少なくない。

平日でも、選手が朝練習を行うのであれば、生徒たちよりも早く登校して鍵を開けたり、練習に支障のない環境を準備しておいたりしなくてはならないのだ。さらに練習終了も、夜の8時~9時なんていうところはざらである。指導者としても、よほどのことがない限り、最後まで付き合うことになる。そして、最後にミーティングを終えてその日の練習が終了。そうなると、帰宅時刻は夜10時頃ということになるであろう。

こうした生活を、ほぼ毎日過ごしていくことになる。それが、高校野球の指導者である。これは、私立も公立も大して変わりはない。むしろ、人的スタッフの少ない公立校の指導者の方が、よりハードな役回りとなっているとも言えようか。

そんな生活になるため、高校野球の指導者として野球に情熱を注いでいけばいくほど、家庭との両立も一つの大きなテーマになっていく。

あるベテラン指導者が、こんなことを語っていた。

「指導者にとって何が嬉しいといって、それは自分の後を追って教え子が指導者になって、高校野球の現場に帰ってきてくれることですよ。そして、そんな教え子のチームと大会で対戦できれば、一番嬉しいですね。指導者冥利に尽きるというものです。だけど新卒や若い指導者たちで、野球を本気で指導していこうという者には必ず言います。『まずは、家族の説得だぞ。家庭の理解と協力がなかったら、指導者はやれんぞ』ということです」

野球の指導に熱心すぎたあまり、家庭内が不和になり最終的には離婚となってしまったという話も現実には耳にすることである。

公立校の教員の場合、甲子園に出場を果たしたからといって、教員としての給与が上がるわけではない。むしろ、そのことで付き合いが増えて、かえって支出だけが増えていってしまったという笑い話にならないような例も、いくらでも現場にはあるのだ。

それでも、高校野球の指導者たちは、熱心に野球を指導し続ける。それくらい、高校野球には魅力があるということも言えるのである。

野球人口の減少という現実を踏まえて

高校野球の現実を見据えてみると、部員数の減少と日本高校野球連盟への加盟校数の減少も、大きな問題となっている。日本高野連の統計によると、硬式野球部が最も多かったのが2005（平成17）年で、学校数としては4253校だった。そこから減り続けて2019年は3971校。部員数としても2014年に17万人近い数となり、ここがピークで以降は減少傾向だ。

ところで、加盟校数のピークと部員数のピークが必ずしも一致しないのは、高校野球の一極集中化現象もある。これは、どういうことかというと、以前は強豪校などでは、毎年100人以上の入部希望者が集まっていた。ところが、入学早々の練習は、ほとんどやめさせるためだけの練習みたいなもので、ただ走るだけとか、今では考えられないような過酷なうさぎ跳びや腕立て伏せ、腹筋など。そして、理不尽なしごきやいじめみたいなものもあって、1カ月もしないうちに半減、また半減となっていったというところもあった。

そうして、夏の大会前まで生き残った者が、そこから頑張って3年生の夏まで残るという形だった。しかし、平成も半ばに差しかかっていく90年代後半から2000年代になってくると、多くの野球部でその体質改善が進んでいった。「入部した以上は極力、野球をやらせてあげよう」という機運が高まっていったのである。

チームとしてもA戦、B戦、C戦という形で編成していくことが一般的になっていった。公式戦では出場メンバーに選ばれないかもしれないが、部員として学校のユニフォームを着用して対外試合（練習試合）に出るということは体験できる。新入生だけの1年生大会を開催する地区なども出てくるようになっている。

そんな時代の流れによる現象と、かつての体質の名残もあってか、加盟学校数のピークと加盟部員数が10年ほどずれているのではないかと推測できる。

時代の流れの中で、少子化ということは、たぶん今後も歯止めはかからないであろう。そうした中で、スポーツをやりたい子どもたちに、いかに野球の楽しさを伝えていくのか、野球の魅力を感じさせていくのか、それも野球関係者にとっては重要な仕事である。その中核となっているのが、高校野球の指導者ということになる。

令和になって、進みゆく少子化をもろに受けていった中で、高校生の生徒数が減少傾向にある。令和最初のセンバツで、高校野球新時代を明るく盛り上げていこうという矢先に、折からの新型コロナウイルス禍により、第92回選抜高校野球大会は開幕まであと8日という段階で正式に中止となってしまった。これは野球だけではなく、日本社会全体のスポーツ文化が、完全な逆風というか嵐に襲われたといっても過言ではあるまい。

それでも、誰しもが経済的な負担を感じながらも、高校野球という魔力に憑りつかれている。そして、野球の魅力を伝えていこうとしているのである。

終章

現場からの本音

令和になって甲子園初出場を果たした加藤学園の場合

結果としては、新型コロナウイルスの感染拡大によって、中止となってしまった2020年の第92回選抜高校野球大会。幻に終わってしまったが、そのセンバツに初出場を果たしていた加藤学園のセンバツ大会へ向けての準備活動を取材した。

静岡県沼津市は、静岡県東部の観光地域でもある伊豆半島の根っこに位置する人口19万5千人余の中堅都市だ。漁港が近いということもあって水産業、水産加工業が盛んだが、駅北口にリコー通りと呼ばれる通りがあることでもわかるように、リコーや東芝機器といった精密機械の工場も存在しており工業都市の側面もある。

そんな沼津市から、令和になって最初のセンバツ代表校が誕生した。創部24年目の加藤学園である。沼津市からは28年ぶりの甲子園出場となった。信州工出身で亜細亜大と社会人のＨｏｎｄａでも内野手として活躍した米山学監督が、帝京三（山梨県）などを経て指揮官に就任してから6年目での悲願達成だった。

学校の戦績としても、過去は２００３（平成15）年夏の静岡大会ベスト４が最高というものだった。18年秋季県大会はベスト４に進出しながら、３位決定戦で敗れて東海大会進出はならなかった。それでも、翌春の県大会では準優勝して東海大会に進出。「一つひとつ階段を昇っていけている感じがしていた」と米山監督は振り返るが、期待した夏は思わぬ早い段階で敗れてしまった。

加藤学園の場合、グラウンドは地元企業のグラウンドを年契約で借りている。つまり、その契約料金も学校の運営費として経費が計上されている。グラウンドは、学校からバスで30分ほどの東名バイパス近くにあるのだが、授業が終わってから移動すると何だかんだで練習を始められるのは、夕方5時くらいからということになる。

このような環境で、日々練習を積んできた。

そうして、改めて新チームで挑んだ秋季大会は、東部地区予選は3位という形で通過。その後の県大会は常葉大菊川、静岡、静岡商と県を代表する強豪校や伝統校を相次いで下して決勝戦に進出。

2位で出場した東海地区大会でも初戦は大垣西に快勝し、2回戦では三重県1位の近大高専に延長の末競り勝って準決勝進出。県岐阜商にも5回までは3点リード。8回に追いつかれて延長となった10回、ついに力尽きる形でサヨナラ負けした。

「リードしていながら勝ち切れないというところに、まだまだだなぁという気はしていた。それでも、少しは成長してきているかなと感じていた」

米山監督の正直な感想だった。ただ、東海地区枠は原則2枠。決勝に残った2校が選出されるのが通常だ。ところが、その後の明治神宮大会で、東海地区代表として出場した中京大中京が優勝したことによって、明治神宮枠が転がり込んできた。そして、その1枠を藤枝明誠と競ったのだが、東海地区大会での準決勝の戦い方なども評価されて、最終的に加藤学園がセンバツに選出された。

そしてその後、甲子園に向けての特別練習ということで、3月初旬に鹿児島遠征を組んだ。

「通常、九州遠征なんていうのは、とてもじゃないですけど組めません。だけど、今回は早くチームを仕上げる必要もありますから、暖かいところで調整させていただこうということで、期末試験明けに行かせていただくことになりました」

この遠征スケジュールは、具体的には学校に出入りしているスポーツ合宿などに詳しい旅行業者に依頼したものだ。米山監督自身の作業としては、遠征先での練習試合相手を、地元の伝手を頼って何とか組んでもらうことだったという。

今回の遠征はマネージャー含めた41人を全員連れていくことにしていた。そのための宿泊施設なども、極力経費のかからないようにということで、業者に頼んでコテージのようなところを取ってもらったという。

具体的には、次のようなスケジュールになっていた。

7日　バスで羽田空港へ移動し、飛行機で鹿児島着。当日は知覧などを社会見学。
8日　加世田球場　練習試合
9日　加世田球場　練習（相手が入れば1試合）
10日　姶良（あいら）球場　練習試合
11日　午前中練習後、帰郷

そんな加藤学園は、センバツ初出場を果たしたことで、応援団の手配などの準備も初めてづくし。その事務局も大忙しだった。事務局の一切を任されて運営していたのは、新田紀之事務長である。

新田事務長自身も、高校野球から大学野球、社会人野球で活躍してきた人物で、大阪の名門・浪商（現大体大浪商）から亜細亜大へ進み、その後も社会人野球の強豪河合楽器（浜松市）で活躍して、マネージャーを経て加藤学園に赴任。野球部の現場を預かる監督として活動してきた。ただ、当時は学校内での指導体制もさほど確立されていなかったということもあり、一緒にやれる後任を模索していた。

そんな折に、大学の後輩でもある米山学現監督が、ちょうど帝京三の野球部指導から外れたタイミングが重なった。そこで、加藤学園の野球部指導と社会科教員という形で声をかけたのだった。

そして、野球部を米山監督に引き継ぐと、校務をメインにしながら副部長という立場で側面から活動を援助してきた。立場上、部の運営の金銭面も掌握していなくてはいけない役割でもあり、特に今回のような初めてづくしのことが生じると、てんてこ舞いの忙しさになるという。

そんなセンバツ前の慌ただしい2月上旬、新田事務長に貴重なお時間をいただき、その準備から手配まで、何をどうしているのかということなどを具体的に聞いてみた。

――センバツ出場は、正直なところ発表の1月24日までは、まったく事前情報も何もないという状況だったのですか。

新田　そうです。どうなるかわかりませんでした。だから、外部的にはまったく動いていません。私も（藤枝明誠と）五分五分だと思っていました。そりゃ人は、加藤学園の方が準決勝でいい試合しているから有利だ、とか言ってくれますよ。だけど、それはあくまで人が言ってるだけですからね。

――しかも県大会決勝では、直接対決では負けていますからね。

新田　そうなんですよ。ただ、学校サイドとしての準備だけは一応しておいて、結果を待って動いていこうということにしていました。

――センバツ出場が決まりました、という一報が入りました。そこで、（事務局として）最初に行ったことはどんなことでしたか。

新田 まずは、マスコミ対応ですよ。スケジュールは、あらかじめこちらで組んでおいて、もし発表があった場合は、こうしていくということは決めていました。だから、まずはテレビとか新聞とか含めて、そこの対応に終始しました。

――次にしていかなくてはならなかったことは何でしたか。

新田 すぐに、全国大会等出場後援会という委員会を立ち上げました。そこで、県高野連にも相談していくのですが、まずは代理店（旅行会社）を決めていかないといけないということです。それも数社じゃなくて、1社に絞って決めていきなさいということでした。これはバスの手配も含めて、数社になるとバラッキも出てきますから。責任の持てる1社にしておきなさいという指示でした。そこで、修学旅行なども含めて付き合いのあるところや、声をかけてきてくれたところにいくつかお願いして見積もりを取りました。これは、不公平にならないようにそうしました。そして、それらの中から主導的立場になるところを決めました。

——仮に、それがA社に決まりましたということで、次にしていかなくてはいけないこととは、どんなことでしたか。

新田 結局は、かつて他校の甲子園出場に関わって仕事をしてきた、という実績のあるところになるわけですけれどもね。そこで、その経験に基づいて、本校の場合であれば、どういう形がいいのかということを提案してくれるんです。それに応じて、(応援後援会)組織を作っていかないといけないということでした。

——出場が決まると、選手たちの宿泊先は、それぞれの県高野連で指定されているんですよね。

新田 そうです。それは指定です。それと応援バスの数も、(甲子園球場の応援用の駐車場がある）浜甲子園の駐車場の関係で決められているんです。

――それを超えてしまったら、どうなるんでしょうか。

新田　その駐車場の手配も含めて、旅行会社の方でやってくれるんです。そのあたりが慣れているところの強みでしょうね。

――全国大会等出場後援会という組織も、同時にそこで動いていくんですね。

新田　そうです。会長は学校後援会長にやっていただいていますが、窓口としては、私がすべて対応していくということになっています。

――大きく言うと、その役割というのはどのようになっていますか。

新田　広報、応援、バス等の手配（移動手段）、経理ということになります。それを統括するのが副校長と教頭ということです。

――新田事務長の役割としては、いろいろあるかとは思いますが、どんな形になるのでしょうか。

新田　まずは教職員や保護者、取引先といったところに呼びかけるわけです。さらには沼津市と三島市の商工会議所にポスターを貼ってもらうことや、一口5千円という寄付を、お願いしていくことになります。これは敢えて、何口以上ということは言わないようにしました。もちろん、卒業生や野球部OB、同窓会といったところにも声をかけていきます。できる限り発信基地を増やしていくという作業です。学校のホームページでも、最初にその案内を発信させていただきました。

――すべて初めてということで、手探り状態も含めて暗中模索みたいなところもあるかと思いますが。

新田　ちょうど、全国事務長会議でお会いしていた啓新（福井県）さんが、去年初出場で経験されていましたので、いろんなノウハウを教えていただいています。やはり、経験校に訊くというのが一番です。

――ユニフォームを新調するとか、そんなこともあるのではないでしょうか。

新田　やはり、全国に出て（テレビにも）映りますからね。全国で恥をかかせるようなことをしてはいけませんから。最低限のことはしてあげないと、とは思っています。その経費をどうしていくのかということも、もちろんあります。

――取材対応というところも、大変なのではないですか。

新田　それも大テーマですよ。初出場でもありますし、学校そのものの歴史も含めて、そういったこともいろいろ紹介されていきます。それと、主催新聞社への広告出稿のことも考えなくてはいけません。その経費も捻出していく必要がありますから、それも大変です。

――それも、主催者としては大事なことなのでしょうから（苦笑）。

新田　それに、学校としては前身が女子校でもありますが、その卒業生が子どもさんを送り込んでくれていて、2世代、3世代となっていることもよくあります。

――それは、ありがたいことですよね。それだけ、学校としての評判は悪くないということだと思います。

新田　そうですね、そう思っていただけると嬉しいんですが。

――それが、今回の甲子園出場で、間違いなくさらにアピールされていくことになると思います。

新田　そうなっていっていただければ、学校としてもいいのでしょうね。

――新しい学校が甲子園に出場すると、間違いなく翌年の志願者は増えます。それは横浜隼人（神奈川県）や至学館（愛知県）、健大高崎（群馬県）でも聞いています。特に、女子生徒の志願者が増えるらしいですよ（笑）。そして、そうなると学校そのものが華やかになるとともに質も上がっていきます。

新田　そうですか。それは学校としてはありがたいことでしょうね。

――甲子園が、必ずいいものをもたらせてくれると思います。お忙しいところ、ありがとうございました（取材は２０２０年2月10日）。

名門校のケースは、また事情が異なってくるのか
中京大中京の場合

甲子園出場が、学校に対して大きな影響を与えるということは、何も新鋭校だけに限ったことではない。全国制覇春夏合わせて11回、甲子園勝利数も全国一を誇っており、昭和時代から平成、令和を通じて、全国的にも高校野球の名門中の名門と言われている中京大中京とて同じことである。

とはいえ中京大中京は、これだけの名門校が、こんな環境で練習しているのか、と驚くくらい学校環境としては普通である。一応、グラウンドは専用球場の体はなしているものの、体育の授業でも使用される。砂塵の防止など近隣からの要望もあって、近年ようやく人工芝となった。グラウンドそのものも決して広くはない。左翼こそ90mは取れているが、右翼は80m前後。校舎がせり出した感じとなっているので、さらに圧迫感も

ある。中堅も１１０ｍほどしかない。そういう意味では、全国レベルで上位を争っている学校としては、決して恵まれた環境ではない。

ただ、高橋源一郎監督としては、今ある環境の中でチームを作って戦っていく、それが先輩たちもやってきた伝統であり、教育としての高校野球という意味からも、敢えて野球のために特化したことは要求していかない考えだという。経済的な部分に関しても、親たちには、あまり負担をかけさせないということを前提としながら、どう対応していくのかを考えているという。

そんな高橋監督に、今の時代の中で、名門校を背負っていくという立場も含めて、高校野球部の運営について聞いてみた。

――いつ訪れても思うんですけれども、全国レベルの高校野球の強豪校としては、驚くくらいにグラウンドは狭いかなという感じですね。

高橋　そうですか。私としては、こういうもんだというつもりでいますけれどもね（苦笑）。自分の現役の時もここでやっていましたし、校舎に隣接しているということで、授業を終えると移動なしですぐに練習に入れますから、これでいいのではないかと思っています。

――ただ、両翼はさほどあるわけではないのに、ホームベースから後ろのバックネットまでの距離はかなり取られていますね。以前（前任の大藤敏行監督から）、この距離は甲子園サイズに合わせてあるという話をお聞きして、そのあたりはさすがだなと思いました。

高橋 そうですか、ありがとうございます。それも、別にいじっていませんから（2021年3月～6月まで改修工事）、こういうスタイルでやっていますね。この距離があると、捕手は後逸してはいけない、後逸したボールは懸命に追いかけていって次の塁を与えない、という意識が自然についてきます。

――今、二極分化が進んでいる高校野球の中で、日本一の歴史と伝統を誇る学校と言ってもいいかもしれませんが、そういう中でのチーム作りというのは選手獲得も含めて、いろいろご苦労もあるかと思うのですが。

高橋 ウチは、意外と思われるかもしれませんが、そんなに選手を広く獲得していくという動きはしていません。寮があるわけでもありませんから、あくまで通える範囲で、選手が来たいと思って志望してくれて、それで来てもらうという形です。だから、ほとんどが県内の選手です。県外でも、せいぜい岐阜とか三重とか隣県の生徒ですね。通学が遠い生徒は、下宿などをしているということはありますけど、全国から選手獲得のために動くということはしていません。

――地元優先というか、やはり高校野球の原点とも言える、地元の生徒たちが頑張って甲子園を目指していくというスタイルですね。

高橋 そうなりますね。もちろん私学ですから、どうしてもウチへ来たいという生徒がいて、その条件に合う選手であれば、来てもらうということはあります。だけど、それもあくまでそういう選手がいるかどうかということで、こちらから県外へ積極的に働きかけるということはほとんどありません。与えられた条件でやるというのが、従来からこの学校でやってきた姿勢ですから。それよりも、愛知県では中学の有望選手の県外流出もいろいろ言われています。だから、そういう選手たちが「中京大中京でやりたい」と思えるような、そんな魅力のあるチームを作っていくことこそが大事だと思っています。

——今の時代の、全国的なレベルの強豪校としては、比較的珍しいと言えるかもしれませんね。

高橋 そうですか。私としては、それが高校野球としての普通の姿かなと思っています。その中で、どう戦っていくのかということです。それは部費とか、環境に関してもそうですね。欲を言ったらきりがないですから。今、自分たちが与えられている環境の中でどうやっていくのか。その中で、できる限りの結果を出していく。それが、中京大中京としての野球部のあり方でもあると思っています。だからといって、特別なことをやっているというわけではありません。

――伝統の中京野球の精神は変わらないと、そういうことですね。

高橋 そうですね。そこは大事にしていきたいと思っています。毎年、4月に新入生が来ると、新入生だけで4月の土日を利用して合宿を行います。そこでは技術的なことよりも、中京大中京の野球部員としての心構えとかあり方とか、そういうことを徹底していきます。やはり高校野球は注目度が高いですし、ウチなんかは注目されている存在だとは思っていますから、それにふさわしい選手たちでないといけないと考えています。そういう気持ちを育んでいくための合宿ですね。

――そこで、中京野球を継承していくということでもあるんですね。

高橋 そうですね。その合宿を経て、新入生たちもいよいよ中京大中京の野球部員だぞ、という意識にもなれるのではないかと思っています。

――今の時代の傾向からすると、むしろクラッシックな感じかもしれませんね。

高橋 もちろん、ある程度は中学生にも声がけはしますし、クラブチームにあいさつにも行きます。だけど、それ以上に、中学生たちが「ここ（中京大中京）で野球をやりたい、甲子園を目指したい」と思えるようなチームにしていくということです。それが一番大事なことだと思っています。

――やはり、ユニフォームも含めて「ＣＨＵＫＹＯ」というのは、高校野球ではブランドだと思います。そのブランド力を示していただくことを期待しています。

高橋 ありがとうございます。チームを預かる者としても、そういう魅力あるチーム作りをしていきたいと思っています（取材は２０２０年2月29日）。

中学生たちが目指したいという野球部のあり方。親たちが安心して子どもを送り込んでいける野球部環境。ほとんどの野球部が、試行錯誤しながらそこを目指している。しかし、現実には難しいこともある。

それでも「今ある環境、与えられている環境の中で、自分たちがやれる限りのことをやっていく」という姿勢。実は、そういう形が、伝統校としての基本的な姿勢でもあった。今ある環境の中で、自分たちは何ができるのか。それを模索していきながら、可能性を広げていく。それが、高校野球の本来のあり方といってもいいのではないだろうか。

保護者（父母）の立場をどう理解していくのかも、指導者にとっては大きなテーマ

近年の高校野球では、第1章でも述べたように、学童野球や少年野球時代からの流れも含めて、選手たちの保護者（親）の関わりが非常に大きい。ことに、少子化時代の今である。親としては、一人の子どもに対しての経済的支出も含めて、子どもにかかる比

重は非常に大きくなっている。幼少時から、多くの習い事にも相当額のお金がかけられている。少年野球も、そんな習い事の一つという考え方も定着してきている。

そして親としては、子どもが頑張っている世界には、極力協力していってあげたいという思いも、以前に比べたら非常に強くなっている。また、そこに注いでいく時間的、経済的な要素を、自分の励みとしている親も多くいるというのが現実である。

しかも、やはり親としては自分の子どもが一番可愛い。だから、自分の子どもの待遇や役割に関して、納得いかないことがあると抗議したくなるという思いもわからないではない。そうなると、親としてはついつい口出しをしたくなるところもあるだろう。

少年野球の場合などは、子どもの親やその知人関係がチームを担っているというケースも多い。そうすると、大人同士の人間関係が、子どもの野球に少なからず影響を与えてしまうということも、なきにしもあらずだ。もちろん、そういうケースがほとんどということではないが、少年野球では親の役割が明確にあり、それがそのまま高校野球に持ち込まれていったという経緯があるのも確かだ。

子どもが高校進学するにあたって、野球を継続していきたいという場合、親にとっても、どこの高校へ進学してどういう環境で野球をやるのかということは、非常に重要な要素になってくる。ことに、二極分化の進む今の高校野球である。高校の進学先を選択していく段階で、高校野球への取り組み姿勢が自然と定まってしまう、といっても過言ではないくらいである。

強豪校から勧誘されて入学する生徒は、まさに特別待遇を受けて、入学早々の時点で指導スタッフからも目をかけられている。しかし、一般生徒として入学をしてから入部した生徒は、そこから這い上がっていくのはなかなか厳しいというのも現実だ。それを承知で、それでも強豪校の門を叩くのか。そうではなく、自分が試合に出場可能であろう学校の野球部へ入部することを選ぶのか。その選択は大きい。そこで、高校野球への取り組み姿勢も異なってくるからだ。

高校3年間、野球以外のあらゆるものを犠牲にしながら、甲子園出場にすべてを賭けていくというのも一つの考え方だ。現実に、甲子園に出場している多くの学校は、その意識のもとで目標を実現してきている。

しかし、甲子園出場を目標とはしているけれども、是が非でも行かなくてはならないというものではない。甲子園出場が絶対的な目標ではないという考え方で、高校野球に取り組む選手も少なくはない。甲子園に出場できたらそれはそれで素晴らしいけれど、

「高校生活の部活動として、野球部でやれることをやっていきたい」という考え方もまたありだ。実際には、そういう考え方で高校野球に取り組んでいる球児の方が、圧倒的に多いのではないだろうか。

もちろん、親もそうした子どもの考えや野球への思いを理解して、進学先を選定していくことになる。こうして野球に取り組んでいく姿勢が、実は甲子園を頂点とする高校野球というフィールドを支えているのだ。

多くの指導者たちもまた、そんな意識で高校野球に関わっているはずである。

高校野球は、組織としてのチームプレーである。チームには20人いれば20人分の、50人いれば50人分の、そして１００人ならば１００人分の役割があるというものだ。とはいえ、試合に出られるのは９人しかいない。そこをどう理解していくのかということ、どう理解させていくのかということも、また高校野球の現場としては大事な役割となっている。

もっとも、甲子園の常連校と言われるような学校の場合は、一般生徒として入学した生徒にとって、入部そのもののハードルがかなり高いということもある。また学校によっては、強化指定部になっていると毎年10～15人、20人までと入部枠制限を設けているところもある。

中には、一般生徒の入部も認めるが、チームとしては最初から「選手（大会などの公式戦に出場する）と部員（公式戦ではスタンド応援などのサポートとなる）」という分け方をしているところもある。こうした扱いの善し悪しは別として、そういう学校では入部した段階で、ある程度の役割が見えてしまうということになる。

それでも、部員確保が部費を含めて部の運営に関わってくるので、多くの部員を歓迎するという考え方でやっているところもあるようだ。また、現在はB戦、C戦というように、公式戦には出場できないであろう部員たちにも、練習試合として試合の場が与えられている。

親からしてみると、我が子が強豪校のユニフォームに袖を通して試合をやれているのであれば、それでいいという考え方もある。また、甲子園の常連校であれば、たとえB戦、C戦であっても、そのユニフォームには価値がある。というのも、甲子園にはやや縁遠いと思われる公立校などでは、甲子園に出場しているような名のある学校を相手に試合ができれば、それだけでも意味があると言えるからだ。そういう見方をするとB戦、C戦という練習試合にも価値があるということになる。

こうした形で、高校野球の現場はそれぞれの立ち位置をわきまえながら進行している。そして、それぞれに保護者会や後援会（ＯＢ会ということもある）などがあり、それぞれの運営が行われているのだ。

そこで、本企画の制作にあたり、懇意にさせていただいている東京都などの首都圏や愛知県など東海地区の指導者たちに、練習試合などの現場へお邪魔した際に、保護者会との関係や付き合い方について現場の声を聞かせていただいたので、次に紹介していきたい。

指導者からは、部の運営のためには「保護者会はあった方がいい」という意見がやはり多い

ここでは、主に保護者会との関わりについて、機会あるごとに現場の指導者たちに聞いてきた意見を、いくつか紹介していくことにする。

「公立校でも私立校でも、学校からの金銭的な援助があれば、父母会費や父母会からの援助は不要だと思います。とはいうものの、現状では、父母会などからの協力が必要なチームがほとんどだと思います」

と言うのは、埼玉県の公立校で富士見やふじみ野などを指導し、その後は東京都の城西大城西で指導にあたり公立と私立の両方を経験して、いずれも中堅校としての位置をキープするチームに作り上げている山崎警監督である。

城西大城西の場合は、荒川河川敷の笹目橋近くに専用グラウンドを有しているので、練習環境としては恵まれている方だと言えよう。学校から支給される年間部費は50万円だが、それ以外に、部費としては年額6千円を集めている。父母会費としては、それとは別に年額4万9千円を個々で納めているという。

一方、専用球場がなく、平日の練習も含めて府中市民球場などの公共球場を借りることが多いという専修大附の場合、学校から支給される部費は年間約100万円となっている。これは他と比較して、印象としては非常に多い額とも言える。ただ、そこにはバスでの移動費や球場使用料なども含まれている。保護者会費に関しては、「年間の部費3万8千円とは別会計なのでよくわからない」(岩渕一隆監督)ということである。しかし、「合宿などでのお手伝いは、とてもありがたい」と保護者会の意義は感じているようだ。

さらには、学校からの支給が年額150万円という甲子園出場経験も何度かある国士舘の場合でも、永田昌弘監督は「学校から支給される予算だけでは賄えないことも多いので、協力を仰いでいることが多い。だから、保護者会はあった方がありがたい」という思いである。

家庭的に、比較的裕福な家の生徒が多いのではないかと思われる立教池袋で、20年以上指導を続けている古賀賢之監督（当時）は、「保護者会の存在は必要不可欠」と言う。その理由としては、「学校から支給される部費だけでは足りません。遠征費（バス代）の補助や、大会での物資支援は非常にありがたい。行事としては激励会、送別会、年2回の定期総会がありますが、年々マニュアル化しつつあります。いつも、可能な限りでお願いしますと言ってはいますが、熱心な方が多くてありがたい半面、申し訳なく思うこともあります」と恐縮している。なお、立教池袋の場合は、保護者会費として年間3千円を徴収している。

埼玉県の私学男子校で、進学校でもある川越東の野中祐之監督は、「保護者会があれば、練習試合などでは親が積極的に観戦しやすくなる。そんな雰囲気も大事」と、野球部を取り巻く環境も重視している。

また、「保護者会を通じて伝えていくことで、連絡事項を一本化することができる。その一方で、一定の距離も得ることができる」（愛知桜丘・杉澤哲監督）という意見もある。

先ほどもご登場いただいた、全国的な名門校である中京大中京の高橋源一郎監督は、「保護者の理解と連携が図れるので、保護者会という組織は必要不可欠だ」と考えている。中京大中京の場合、毎年応援スタンドなどで、保護者会のまとまりが非常にいいと感じさせてくれるのは、やはり全国を代表する名門校として、親たちにもその意識が浸透しているということであろうか。

静岡県の強豪私学として近年躍進著しい藤枝明誠は、部員たちのほとんどが寮で生活している。そんな環境ではあっても、大石昌嗣コーチは「保護者会の存在は必要不可欠。保護者の協力なしには活動できない」と言う。寮生活だからこそ、むしろ保護者会とのコミュニケーションも大事だということであろう。

地域に密着した市立高校として、地元では人気のある市立川越の場合、新井清司監督は「ウチでは基本的に来校者はオールウエルカムだから、親だけじゃなくて近所のファンの人なんかも出入りしていますよ。バックネット裏の設備も含めて、父母会にはそんな作業ができる人もいたりするから、工事や修理も平気で頼んじゃうよね」と歓迎している。藤井喜英部長も、「高校野球は教育の一環ではありますが、父母の協力があってこそ成り立っているので、保護者会はあった方がいい」という意見である。

埼玉県の狭山清陵・遠山巧監督も、「純粋に試合観戦など親も楽しめるので、保護者会があって積極的に参加してほしい」という意見だ。

近年躍進著しく、甲子園の常連校にもなってきた群馬県の高崎健康福祉大高崎（健大高崎）の青柳博文監督は、「高校野球は未成年の生徒を指導しているため、保護者の協力は必要。そのためには情報共有が必要なので父母会はあった方がいい」という考え方だ。

それは茨城県の強豪校、常総学院も同様だ。松林康徳部長は、「野球部をよくしていく上では、たくさんの方々と協力していく方がいいから、保護者会は必要不可欠な存在」だと言う。

神奈川県の中学野球で成果を上げてその指導力が高く評価され、公募で高校野球指導者となり川崎北や県相模原といった公立校を率い、神奈川県で実績を上げている県相模原の佐相眞澄監督も「保護者会は必要不可欠」と考えている。「県立校にとっては、保護者会やマネージャーなしでは運営が成り立たないほど重要だ」と言う。そして、その接し方もとてもフレンドリーである。もっとも、フレンドリーに接することができるのは、監督の人柄もさることながら、保護者たちよりも年齢が上になったベテラン指導者たちの経験値によるところも大きいのではないだろうか。

また、第93回センバツ大会では準優勝も果たしたように、近年一挙に全国区の強豪として飛躍している明豊では、川崎絢平監督も「どちらかと言うとあった方がいい」という考え方で、「困った時に助けてもらえることが多い」と言う。ただし、基本的には、責任教師である部長と保護者会長のみが接点を持つという形にしている。

21世紀枠代表として、甲子園出場も果たしている小山台の場合は、大谷里志部長がこんな意見を述べている。

「高校球児は、各家庭の大事な一人です。その一人が属する野球部と家庭の連携は必要です。学校と野球部と家庭が、それぞれ高校野球を通じて全員が感動し、成長していくのだと思います」

まさに、高校野球の現場は、こういう思いであってほしいと願う貴重な言葉である。

他にも、基本的には保護者会の存在を歓迎する声が多くあった。

「きちんとした関係を維持して関係をよくしていけば、金銭的な面以外でもサポートが期待できるので、保護者会は不可欠」（葛飾野・才野秀樹監督）
「保護者会があれば、そこでの話で選手たちの家庭の様子を知ることもできるし、野球部でのことも話しやすくなっていくので、保護者会はあった方がいい」（片倉・宮本秀樹監督）
「公立校にとっては、さまざまな面で援助や協力が必要なので、保護者会という組織があった方がいい」（大府・野田雄仁監督）
「経済的なことも含めて、物心両面で野球部を応援していただいているので、必要不可欠」（安城東・大見健郎監督）
「練習試合等の移動の協力や、部費で足りない部分をお願いすることもあるので、保護者会はあった方がいい」と言うのは、愛知県の県立の伝統校で甲子園出場実績もある成章の河合邦宗監督だ。そして、「保護者と近づきすぎないようにはしているけれども、協力はしてもらいやすいように、常にコミュニケーションは取るようにしています」と、その付き合い方には神経を使っているというのも現実のようだ。
また、東村山西の三國力監督は「どちらかと言うと、保護者会はあった方がいい」としながらも、こう述べていた。

「チームを運営していくにあたって、経済的な支援は助かります。保護者同士でも、お互いの息子たちがどのように生活しているのか、どういう考えで野球をしているのかということなどの情報交換にもなります。ただし、自分の子どもしか見えず、チームの方針などを考えられず、指導方針や選手起用などに声を上げる保護者もいなくはない。そのことで指導が滞る場合は、保護者会のあり方そのものをもう一度考えるべきかもしれません」

まさに、これが現場の指導者として、保護者会との距離間についての現実的な本音といえるところであろうか。

指導者の中には、どちらかと言うと「保護者会はなくてもいい」という意見もある

その一方で、2019（令和元）年の第100回記念大会で、東愛知代表として甲子園出場を果たした愛産大三河の櫻井春夫監督は、「何でも自由な発言や行動が可能な雰囲気の時代になって、まとまらない感じがするので」という観点から、「どちらかと言うと保護者会はなくてもいい」という考え方である。そういう意味も含めて、保護者会との交流に関しては一線を引いている。また応援グッズなども、保護者会としてということではなく、有志で帽子やタオル、ポロシャツなどを揃えている状況のようだ。

2021年のセンバツ大会に初出場を果たし、春夏連続出場も遂げた専大松戸のベテラン持丸修一監督も、「野球部は生徒の部活動であって、保護者の父兄は基本的には関係ない」という考え方から、「どちらかと言うと、なくてもいい」と考えているようだ。「どちらかと言うと、保護者会はなくてもいい」という意見としては、公立校の中にもあった。

岡崎工科の平松忠親監督は、「応援したい人が応援に来ていただければそれでいい」という考えだ。その一方で、「活動方針などを理解してもらうためには、親の勉強会が必要かなとも思う」と言う。岡崎工科の場合、かつて岡崎工業時代の40年ほど前に、2度センバツ甲子園に出場している実績もある。その時代を知る人たちが、多くグラウンドを訪れたりもしている。チームとしては、平松監督が赴任して100人近い部員を抱えるようになった。愛知県内では、公立校としては一番の大所帯になるという。それだけに、組織としても保護者会活動は簡素にして、激励会などの定例行事のみにしているという。

岡崎北で監督を務め、現在は県高野連の理事なども務めている徳美典副部長は、「最低限のつながりだけあれば、あとは特に必要性は感じない」と述べている。それでも、親との交流に関しては、「激励会などの定例行事のみにしているが、堅苦しくなりすぎないように、ややフレンドリーにしていくことも心掛けている」と言う。

「保護者との交流に関しては、特に意識はしていないけれども、どちらかと言うと保護者会はなくてもいい」（大垣商・有賀竜也監督）

それぞれの現場での苦労が感じられるコメントである。

また、至学館のように創部した当初から、敢えて保護者会という名目の組織は作らないというところもある。中京女子大附から共学校となった創部当初から、指導にあたっている麻王義之監督は「応援したい人は、それぞれに応援してくれれば、それが子どもたちの励みにもなる」という考えだ。そして親たちは任意で、応援グッズやポシェットなども作ったりしている。あくまで、側面からサポートしていくという形である。

自身は鳥取県の名門米子東で高校野球を経験し、東京都の教員として現在は千歳丘で指導している秋本則彦監督も、「試合の応援などは強制するものではなく、行きたい親が行けばいい。だから保護者会という組織は、どちらかと言うと、なくてもいい」という考え方だ。むしろ、親たちの方から自然に応援したくなるチームを作っていくのが、指導者としての役割だと考えている。だから、思いとしてはこんなことを述べていた。

「経済的に厳しい家庭もありますが、保護者は何とか自分の子どものためになればという考え方がほとんどです。自分としては、それに応えられるような環境を頑張って作っていきたい。だから、多少お金がかかっても、地方の強豪校に出向いたり、トレーナーを呼んで理に適ったトレーニングをさせたりするなど、保護者の方には納得してお金を出していただいています」

部費としては、学校からの支給は都立校としてほぼ平均的な額の35万円なので、それとは別に年額4万2千円を部費として徴収しているという。「高校野球を通じて、お金には代えられない経験をさせてあげたい」という思いも強く持っている。

また、保護者会の存在の是非に関しては、「わからない」というのもまた正直な現場からの意見でもあろう。

1999（平成11）年夏に、城東を率いて東東京から都立校として初めて甲子園出場を果たした足立新田の有馬信夫監督は、「（城東の時の）甲子園出場は、親は喜んでくれました。だけど今の時代に、保護者会としての存在が必要なのかどうかはわからない」と言う。その城東に続いて、都立校として甲子園出場を果たした雪谷を率いる芝英晃監督も、保護者会そのものがあった方がいいのかどうかはわからないという。

「応援していただけるのはもちろんのこと、保護者の協力なしには高校野球は成り立たないのではないかと思いますが、過度な協力は負担にもなる」

この意見もまた、現場の本音であろうか。

いずれにしても、高校野球指導者にとって、選手の親たちとどう関わっていくのかということはとても重要である。そして、それはその先の進路指導につながっていくことでもある。

どんな形であれ、野球を継続していきたいという意志がある生徒の場合、どのような進路を提案して導いてあげられるのか、そのことも重要な指導ポイントとなる。また当然のことながら、それは親の考え方や教育方針、経済事情にも関わっていくのである。

「高校野球と大学野球は、やはり違います。大学で野球をやりたいというのであれば、使ってもらってナンボ……というところもあります。だから、ある程度は選手として求められているところへ行ってやるというのが大事だと思っていますし、そういう進路指導を行っています」

こう述べるのは、全国の高校や大学の野球部に壮大なネットワークを持つことで知られている横浜隼人の水谷哲也監督だ。横浜創学館の森田誠一監督とともに、神奈川県から八戸大（現八戸学院大）や函館大などといった東北、北海道のリーグに所属している大学へ卒業生を送り込んで、そこからプロ入りを遂げていくというスタイルの先駆者的な役割も果たしている。

また、こうした進路指導の成果もあってか、現在では都市部から東北や北海道のリーグの大学へ進学するケースも増えてきている。そして、そのことが大学野球の地方活性化という、もう一つの副産物も発生させたとも言えよう。

ネットでの雑音にどう対処していくのかも、今の高校野球では大事な要素

今の時代は、ＳＮＳの飛躍的な発展によって、誰もが自分の意見や考えを広く発信できるようになっている。多くの人から関心の高い高校野球も、その勝ち負けをはじめ、ちょっとしたことに対しての誹謗中傷も含めて、さまざまな形で発信されていく。その夥しい量の情報にいちいち対処していたら、それこそ他のことをしている暇がないくらいと言っていいだろう。

基本的には、そうして垂れ流される情報は、放置しておいても何ら問題はないのだろうが、当事者としては、やはり意識しないわけにはいかなくなってしまう。そんな情報の垂れ流しの中で最も多いのが、特に負けた試合に対する監督への采配批判、選手起用に関する批判である。

「そんなものは無視すればいい」と言ってしまえばそうなのだが、実際に批判されている当事者からすると、なかなかそうはいかない。無責任な発言の一つひとつに関しても、やはり考えてしまうというものだ。真面目に、真剣に取り組んでいればいるほど、そうなってしまうということもあるかもしれない。

事実、それが原因で心の病になったとか、休職を余儀なくされてしまったという指導者たちの話も耳にする。基本的には、現場の指導者が一番近くで選手たちと接していて、その上で選手起用や判断を下したわけである。表面的な結果だけしか見ていない部外者の発言などは、戯言だと思えばいいのだけれども、なかなかそうもいかないというのが現実のようだ。

そんな今の高校野球を取り巻く環境に関して、２００９（平成21）年に母校中京大中京を率いて全国制覇を果たし、その後ライバル校に着任した享栄の大藤敏行監督はこう述べている。

「オレなんか、堂林（翔太＝現広島）たちで日本一になるまで、（ネット上で）何回クビにされとるかわからんくらいだわ。監督が大藤でなかったら、もっと勝てとるとか、そんなこと平気で書き込んどるでね。それをいちいち気にしとったらやっとれん。向こうは、こっちの事情なんか何にも知らんのだで。それでも、日本一になって収まるかと思ったけど、最後があれ（早稲田実に6対21で大敗）だでね。大藤は、あれでクビになったとか、また書かれとるんだわ。（監督交代については）最初から決まっとったことなんだけれどもね。知らんヤツが勝手に書き込んどるだけだと思わんと、やっとれん」

こう言って笑い飛ばせるようになるには、やはりキャリアと実績が必要になってくるのかもしれない。とはいえ、こうしたＳＮＳ対策は、監督や指導者だけではなく、選手たちを守るという意味からも、やはりある程度の対策を考えておくことが必要な時代になってきたのかもしれない。

さまざまなネット上のやり取りに関しては、前述した「高校野球ドットコム」を運営している株式会社ＷｏｏｄＳｔｏｃｋの荒井社長もこう述べている。

「ウチも、最初は高校野球掲示板という形から始めたんです。だけど、それがある程度定着してきたら情報発信というよりも、あまりにも誹謗中傷ばかりになってしまったんですよ。それで、これはよくないということで、掲示板的な要素を徐々に縮小していって、現在のように試合記事やいろいろな学校の紹介、選手の紹介という形にしていきました」

誰もが思いを述べ、情報発信できるというのが今のＳＮＳ社会でもある。そういう新しいメディアの波も受けながら、それでもやはり高校野球はしっかりと地に足の着いた継承文化として、発展し続けていると言える。

それは、現場を見て歩いている私自身が感じていることでもある。だから、さまざまな形で高校野球を伝えるということは、文化的な意義とともに社会的な責任もあるのだという意識が大切だと感じている。

そして、日本高校野球連盟が掲げている、次の１００年へ向けての発展についても、側面からでも何らかの支えとなっていきたいと思っている。そういう点を含めて、今後もしっかりと高校野球を応援していくことが、また大事なことだと考えている。

おわりに

高校野球に関わる、すべての人たちへ「今の時代に、高校野球と対峙することとは」

100年を超える長い歴史を有する高校野球。1915(大正4)年に第1回大会が開催されて以降、27年目を迎えた年に、悪化する一方の太平洋戦争によって1941(昭和16)年夏から4年間、中止せざるを得ない事態が発生した。

それでも、戦争が終結して敗戦国日本となっても、高校野球はいち早く復活を遂げた。そして、厳しい状況の中でも大会を進めていくことで、それが多くの人々に勇気を与え、復興への励みとなっていった。

やがて学制改革を経て、高校野球は高校生の一大イベントとして大きく成長していった。昭和から平成を過ぎて、令和という新しい時代になって、高校野球の歴史も追いながら、その経済的背景を見つめていこうというのが本書執筆への思いだった。

ところが2020（令和2）年、新型コロナウイルスの感染拡大という思いもかけない事態が発生して、戦争での中断以来の大会中止という事態が余儀なくされてしまった。

しかし、そんな中でも、何とか高校野球の大会を行おうというそれぞれの現場からの声も上がった。そうした思いから、夏には各都道府県での独自の大会が開催された。それは、3年間甲子園を目標としてきた選手たち、あるいは最後まで高校野球を全うしたいという思いの選手たちに対して、完全ではないものの一つの区切りはつけられたという形にはなった。

そして、そのこともまた、多くの人々を勇気づけることになった。コロナ渦でも高校野球の大会を実現したことで、頑張っていけば光明はきっと訪れるということを示唆したような気がする。新型コロナウイルスの感染拡大が終息していない今の環境下でも、実現できることをやっていこうという姿勢を示したとも言えよう。

こうした思いが、人々の次へ向けての勇気や自信を与えてくれる一助にもなったのではないだろうか。人々が、次のステージへ向かっていこうという意欲の後押しにもなったのではないだろうか。また、それこそが、高校野球の果たした大きな役割だったと信じている。

折しも、日本高校野球連盟としては第100回大会を終えて、「次の100年」へ新たな歩みを刻み始めた矢先のことだった。それでも、前へ向かっていくこと、「何をどうしたらやれるのか」という形を示したことには意味があった。今後さまざまな困難を迎えたとしても、乗り越えていけるであろうという勇気を与えてくれるものであった。

逃避していくのではなく、何事にも立ち向かっていくという姿勢。これは、高校野球の指導者たちも、よく口にしていることである。それを大人たちが具体的に示したことで、高校野球の未来を示してくれたとも言えよう。そんな希望を抱かせるものだったと思っている。

今、高校野球の現場は、二極分化が進んでいる。一つは全国から精鋭を集めて鍛えていく学校や、100人以上の部員を抱えてチーム内でも激しい競争をしながら、甲子園を目指していく学校だ。もちろん、そういうところは環境も恵まれているし、部としての予算も多く得られている。

もう一つは、あくまでも学校の部活動という範囲の中で、練習時間も環境も、もちろん部としての予算も限られている学校だ。むしろ、ほとんどの学校がこちらに属すると言っていいだろう。それでも、創意工夫をしながら頑張っていくという学校の野球部は、これもまた高校野球の大事な形だと言えよう。

正直、甲子園出場はかなり厳しいかもしれないけれど、それでも甲子園を目指していくという姿勢で活動していく。現実的には、そうした裾野にいる学校の方がはるかに多いのだが、裾野が広いからこそ高校野球の繁栄と発展があるのだ。中には、部員数がギリギリの人数だったり、やむなく他校との合同チームによる戦いを余儀なくされたりするというところもある。

それでも、同じ高校野球。そんな裾野の部分も大事にしていきたいと思っている。甲子園に出場するということは素晴らしいし、努力の成果でもある。とはいえ、甲子園至上主義に陥っては、本来の目的を逸してしまうことになる。

長い歴史を築いてきた高校野球である。これからも、高校野球に関わるすべての人たちが、さらなる高校野球の発展と繁栄を目指して、さまざまな形で高校野球を支えていってほしいと願っている。

2021年9月

手束　仁

■ 岐阜県

瑞浪麗澤、岐阜聖徳学園、帝京大可児、大垣商、岐阜、大垣西、海津明誠

■ 静岡県

加藤学園、藤枝明誠、常葉大橘、三島南、静岡商、静岡

■ 愛知県

中京大中京、享栄、至学館、愛知啓成、豊川、桜丘、愛産大三河、日本福祉大附、星城、東浦、岡崎工科、岡崎商、安城東、安城南、刈谷北、刈谷工科、岡崎北、岡崎商、豊橋南、成章、豊橋西、安城、西尾、西尾東、鶴城丘、大府、知多翔洋、半田

■ 三重県

海星

■ 大阪府

履正社

■ 長崎県

創成館

■ 大分県

明豊

■ その他情報提供

株式会社オースタイル（名古屋市瑞穂区竹田町）

取材協力校一覧　＊順不同

■ 茨城県

常総学院

■ 栃木県

小山

■ 群馬県

高崎健康福祉大高崎、樹徳

■ 埼玉県

川越東、市立川越、川越工、狭山清陵、上尾、熊谷商、川口市立

■ 千葉県

専大松戸、千葉敬愛

■ 東京都

二松学舎大附、関東一、国士舘、城西大城西、大森学園、安田学園、青山学院、堀越、専修大附、日大二、昭和第一学園、立教池袋、日体大荏原、岩倉、東海大菅生、小山台、板橋、足立新田、葛飾野、文京、片倉、総合工科、新宿、江戸川、雪谷、城東、日野、紅葉川、小松川、千歳丘、杉並工、東村山西、四商

■ 神奈川県

横浜隼人、横浜創学館、平塚学園、県立相模原、市立橘

令和の高校野球
最新マネー事情

2021年11月26日　初版第一刷発行

著　　者／手束仁

発 行 人／後藤明信
発 行 所／株式会社竹書房
〒102-0075
東京都千代田区三番町8-1
三番町東急ビル6F
email：info@takeshobo.co.jp
URL　http://www.takeshobo.co.jp

印 刷 所／共同印刷株式会社

カバー・本文デザイン／轡田昭彦＋坪井朋子

編 集 人／鈴木 誠